KB106503

타 고 난 재 능 에 더 하 여

강점코칭으로
삶을
디자인하라

강점 코칭으로 삶을 디자인하라

발행일	2016년 05월 07일		
지은이	선 혜 영		
펴낸이	손 형 국		
펴낸곳	(주)북랩		
편집인	선일영	편집	김향인, 서대종, 권유선, 김예지, 김송이
디자인	이현수, 신혜림, 윤미리내, 임혜수	제작	박기성, 황동현, 구성우
마케팅	김회란, 박진관, 김아름		
출판등록	2004. 12. 1(제2012-000051호)		
주소	서울시 금천구 가산디지털 1로 168, 우림라이온스밸리 B동 B113, 114호		
홈페이지	www.book.co.kr		
전화번호	(02)2026-5777	팩스	(02)2026-5747
ISBN	979-11-5987-036-1 03320(종이책)		979-11-5987-037-8 05320(전자책)

이 도서의 국립중앙도서관 출판예정도서목록(CIP)은 서지정보유통지원시스템 홈페이지(http://seoji.nl.go.kr)와
국가자료공동목록시스템(http://www.nl.go.kr/kolisnet)에서 이용하실 수 있습니다.
(CIP제어번호: CIP2016011353)

성공한 사람들은 예외없이 기개가 남다르다고 합니다.
어려움에도 꺾이지 않았던 당신의 의기를 책에 담아보지 않으시렵니까?
책으로 펴내고 싶은 원고를 메일(book@book.co.kr)로 보내주세요.
성공출판의 파트너 북랩이 함께하겠습니다.

타 고 난 재 능 에 더 하 여

강점코칭으로 삶을 디자인하라

선혜영 지음

강점은 에너지다. 강점은 인생의 동력이다.
'셀프 코칭'으로 이유있는 자존감을 소유하라!

북랩 book Lab

"강점은 에너지다.
강점은 인생의 동력이다.

내면의 성찰과 더불어 삶 전체를 통찰하는 지혜는,
강점은 더 강하게,
약점은 끌어안아서 보완하는 일들이
코칭기술의 정수다.
삶은 변화해야 한다.
다만, 어떻게 변화할 것인가가 우리들이 풀어야 할 과제다."

코칭과 관련된 나만의 정리를 위해서 오랜 시간을 고민하고 스스로를 재정립하는 고뇌의 계절을 보낸 끝에, 드디어 삼 년 만에 이렇게 원고를 세상에 내놓을 수 있었다. 짧지 않은 시간이었다. 한 줄이 넘어가는데도 며칠이 소요될 때도 있었고 때론 '내가 뭐 대단한 이론을 말할 폼이나 난다고 책을 쓰려 하는가' 하는 생각에 속절없는 시간을 보내기도 했다.

애시당초, 내가 처음부터 내 몸을 담가 세상 밖으로 삶의 모습을 드러낸 것은 코칭이나 이 책에서 이야기하는 '강점 나부랭이' 같은 것들이 아니었다. 생존을 위해 나 자신을 가다듬고, 더 많은 경험들로 나를 가득 채우는 것이었다. 사회에 더 경쟁력 있고 쓰임새 있는 사람으로 나 자신을 당당하게 만들어 가는 것이었다.

지금까지 도전과 좌절, 위기와 기회를 전전하면서 정말 수많은 굴

곡들을 경험했다. 그리고 어느덧 나는 중년의 시절을 맞고 있다. 세상은 나에게 넓디넓고, 볼 것도 많고, 할 것도 많은 공간이었다. 무엇으로 어떻게 살아야 하는지를 모르던 시절, 무역이라는 것을 알아가고 그 속에서 '사람'을 배웠다. 나는 그렇게 '사는 방법'을 배워갔다.

하지만 드센 외부로부터의 경험들은 결정적으로 뭔가 빠져 있다는 인상을 가지게 했다. 무엇을 위해 사는 거지? 나는 누구지? 인생의 방향성을 결정하는 면에 있어 더 중요한 것은 무엇일까? 탄탄대로를 걷던 어느 순간 찾아온 사업의 슬럼프는 나를 미치도록 가라앉게 했다. 혼자만의 시간, 나와의 대화…. 그 가운데서 우울해 하는 나를 관찰하는 것은 쉽지 않은 쓰라림의 순간이었다.

하지만 결과적으로 이런 나만의 인고의 시간은 스스로에게 '약'이 되었다. 나 자신을 찬찬히 더듬어 보고 '본질적인 것'에 더 많은 가치를 두는 법을 배울 수 있도록 해 주었기 때문이다. 여기에 더해 과거의 남다른 경험들은 인간 본연의 심연과 무의식 기저에 있는 '특성'들을 분석하고 탐미하는 데 큰 역할을 했다.

장사의 기술이 가장 뛰어나다는 유대인들과의 거래를 통해서 협상의 기술도 알게 되었고, 이를 통해 삶의 근간이 경영의 수완이라고도 생각을 했을 정도로 치밀함도 배우게 되었다. 15년의 월급쟁이로서의 경험들, 그리고 1995년 시작된 독자사업을 통해 맛본 비즈니스의 통쾌함과 성취들은 지금의 나에게 남다른 의미가 되었다.

이 모든 것들은 시간의 흐름 속에 그냥 '박제'된 유물 같은 것들이 아니었다. 과거의 경험들은 인간의 특성들을 이해하고 그것을 발전시켜 나갈 수 있는 방법들을 생각하게 했다. 그리고 이러한 인간의 특성들은 저마다 개인이 가지고 있는 '강점'이라는 명제로 모아졌다. 내가 느끼고 체득했던 값진 경험들을 통해 나는 더 가치 있는 것들을 찾을 수 있었고 지금 그 일들에 매진하고 있다. 이전의 경험들은 내가 지금 정진하고 있는 '코칭'분야에서 새로운 방향타 역할을 해 주고 있다.

수년에 걸쳐 배워온 코칭의 낱개 지식들을 모으고 집대성시켜 보며, 지금은 그 뿌리를 찾고자 광운대학교 대학원 코칭심리학 박사과정에 몸담아 학문에 정진하고 있다. 광운대는 한국에 '코칭심리학'을 개설하여 유일하게 박사과정을 오픈하고 있다.

사람에게 있어 '삶'이라는 문제는 그리 간단하게 설명될 수 없는 부분이다. 그러기에 심리적 부분들과 미묘한 무의식을 꿰뚫어 설명될 수 있는 '강점'은 각자의 유용하고 의미 있는 삶을 펼치는 데 있어 매우 중요한 요소라고 할 수 있다. 나는 작금의 이 원고가 오늘의 힘든 현실을 헤쳐나가는 많은 사람들에게 그들 각자의 잠재력을 이끌어내는 원동력이 되었으면 한다. 최고의 코칭을 하는 코칭심리 전공자답게 나 역시 스스로를 추슬러가며 사람들의 삶에 지지와 격려를 보내는 이 일에 더욱 원숙한 사람이 되길 원한다.

'강점 코칭'에 대한 이 원고를 준비하면서 '자기 주도적' 삶과 사람들이 꾸는 꿈을 이루는 면에 있어서 각기 다른 삶의 영역들을 '특성화'하는 것이 매우 중요하다는 생각을 하게 되었다. 그 역할 안에서 최선을 다하고 싶은 것이 나의 마음이다. 만약, 스스로가 자신의 소명을 정해 세상에 빛을 남길 수 있다면, 나는 감히 '코칭의 어머니'라고 스스로를 이름 지어주려 한다. 나 자신이 대단하다는 것이 아니라, 이것이 실제 나의 소명이자, 실현시키고자 하는 삶의 방향성이라는 이야기이다.

현재 나는 기업의 코칭 교육을 제공하는 일에 주력하고 있다. 한 사회의 동력원이라고 할 수 있는 기업 내에서 스스로의 '강점'을 이해하고 자신의 숨겨진 역량을 찾아간다는 것은 매우 중요한 부분이라고 할 수 있다. 스스로의 '강점'을 이해한 조직원들은 실제로도 조직을 위해 강력한 에너지를 제공한다. 기업 코칭이나 임원 코칭은 백년대계를 바라보는 기업의 당연한 순서라는 생각이 든다. 기업인으로서 처절한 쓸쓸함을 맛본 경험이 있는 나로서는, 현재와 미래를 위한 해법과 지혜가 사회에 필요함을 절실히 느낀다. '비전과 가치의 공유'는 무한경쟁시대, 초연결시대를 걸어가기 위한 기업의 마지노선이다.

혼자만의 성공보다는, 함께 멀리 오래 갈 수 있도록 하는 행복한 '코칭'이 필요하다는 생각을 많이 한다. '함께' 하는 사람으로서 자신의 '강점'을 이해하는 것은 더 나은 사회적 구성원이 되게 한다. 그간의 경험과 지식들을 통해 나름의 체계화된 결론으로 만들어 가는 이같은 '강점 코칭'은 기업은 물론, 사회적으로도 더 건강한 환경을 만들 수 있을 것이라고 나는 굳게 믿고 있다.

이 책에는, 전반적으로 그런 '코칭심리'의 바탕이라고 할 수 있는 심리학의 기본 이론들이 '이해되는 언어'들로 풀어 녹아져 있다. 이해되기 힘든 학술적 용어나 '코칭 심리'적 표현을 배제하고, '누구라도' 쉽게 접근하여 정신과 생각을 함께 나눌 수 있도록 쓰기 위해 노력했다. 인간 본연의 특징인 '강점'은 바로 이러한 정신적 숙고에 의해 빛을 발하고 더 없이 아름답고 위대하게 부각될 수 있다. 모쪼록 이 책의 작은 것 '하나'라도 삶의 현장에서 소중한 밀알이 될 수 있기를 바란다.

마지막으로 작디작은 이 언니 곁에서 늘 용기를 주고, 다독여주고,

지켜봐 준 사랑하는 나의 동생 지영, 그리고 눈에 넣어도 안 아플 두 아이들과 가족들에게 진심으로 고맙다고 말하고 싶다.

"삶이 생각처럼 쉽진 않다. 하지만 언제나 오뚝이처럼 늘 일어설 수 있어야겠지?"

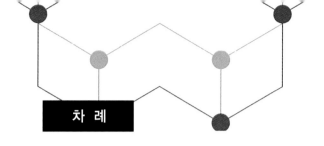

차 례

책 머리에 ◆005

강점 리스트 ◆016

강점 코칭이 필요한 이유 ◆022

제**1**부
삶의 본질탐구
지향성

Point 1 삶의 본질, 지표의식 ◆026

　　　　본질적 자신과의 대면!
　　　　죽음에 대한 생각이 미래를 만든다
　　　　신념이 중요한 이유
　　　　나에게 있어 삶의 의미는 어디에 있는가?

Point 2 지적 갈망 ◆037

　　　　배워야 살아남는다. 끝없이…
　　　　삶의 중요한 화두는 무엇으로부터 오는가?

Point 3 심미안 ◆043

　　　　진행되는 일에 묻혀 아름다움을 놓쳐서는 안 된다
　　　　집착은 내적 아름다움과 소중함을 가리게 할 수 있다

Point 4 진실함 ◆049

　　　　진실함의 부재는 스트레스를 만든다
　　　　삶에는 소신이 있어야 한다

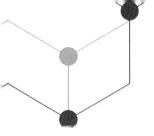
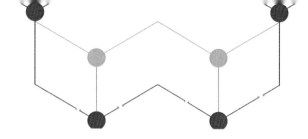

Point 5   포용력   ◆055

작은 것에 너무 신경 쓰면 포용할 수 없게 된다
완벽하려고 하지 마. 아무것도 가질 수 없어
받아들이고 감내해야 할 부분들
허용하라, 그럼 열릴 것이다

Point 6   겸손함   ◆065

자신을 드러내려는 의도적 몸짓은 삼가라
행복을 위해 두리번거리지 마
피고름을 게워내는 자신만의 방법이 필요하다
용감한 포기는 겸손함의 표시

Point 7   내면 자아   ◆077

모든 삶의 시작점에 나를 '아는 것'이 존재한다
자아를 찾는 과정으로의 여행

제2부
대인관계
지향성

Point 8   대인관계성   ◆084

우리에게 인맥이란?
일의 성패(成敗)를 가르는 협상능력

Point 9   정의감   ◆092

삶이 불공정하다 할지라도.
'나'를 있는 그대로 인정하는 것이 정의의 시작

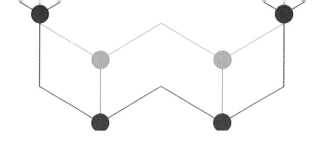

Point 10   사랑   ◆098

사랑하는 방법을 깨우쳐라
사랑하는 사람을 떠올리는 것만으로도 삶은 피어날 수 있다

Point 11   감사   ◆104

진정 감사함으로 사랑하는 일을 하라

Point 12   친절   ◆108

대화에 있어 상대를 존중한다는 것
친절한 여유가 삶을 풍요롭게 한다

Point 13   소속감   ◆113

동정심은 소속감을 드러내는 방법이다
먼저 화해의 손을 내미는 것, 함께함의 시작

Point 14   친화력   ◆119

분위기를 읽는 것은 생존의 문제이다
특별한 상황에서도 당황하지 않게 하는 것

제**3**부
미래발굴
지향성

Point 15   창의성   ◆126

하드웨어가 좋다고 꼭 좋은 결과가 나올까?
유대인의 자녀 교육을 통해 배우라
역발상이 자신을 달라지게 한다

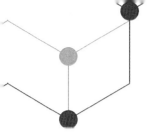
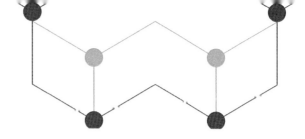

Point 16 호기심 ◆136

자기계발이란 무엇일까?
중요한 건 시도하는 것, 시작의 불리함을 탓하지 마라
새로운 경험들이 자신을 바꾼다
인생은 '경험'하는 것이다

Point 17 인내 ◆146

내리막의 경험 속에서도…
고통도 약이 될 수 있다
인내하기 위해 때론 잊을 필요도 있다
'이 또한 지나가리라'

Point 18 미래 지향력 ◆157

세상이 굴러가는 한, 변화는 계속 일어난다
경제를 보는 눈, 관점부터 바꾸라
분명하고 목표의식이 뚜렷한 꿈은 열매를 만든다

Point 19 리더십 ◆167

잘못을 지적하면 판단 받게 된다
리더에게 '성취' 만큼 '과정'도 중요하다

Point 20 목적 추구력 ◆173

삶의 모든 장면들에는 목적이 있어야 한다
추진력이나 인내에는 나름의 방향이 있어야 한다

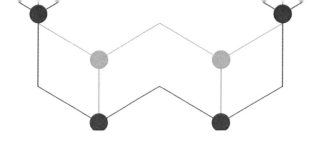

Point 21　통찰　◆179

부의 가치에 대한 통찰
환경이 사람을 만드는 것일까?
과거, 현재, 미래는 연결되어 있다

제**4**부
성향 온도
지향성

Point 22　용감함　◆186

용기를 가지라! 자포자기는 못난 짓이다

Point 23　이지력　◆190

문제를 인지하고 그것을 통해 기대하라
바로 보는 힘, 사람은 심는 대로 거둔다

Point 24　신중함　◆195

생각에 있어 신중해지라.
영예가 꼭 자신에게 돌아와야 하는지를 생각하라
처음부터 너무 큰 걸 바라지 마라

Point 25　정서적 여유　◆204

적극적이고 여유 있는 생각
나는 뭘 해도 잘할 수 있어

Point 26　통제력　◆209

개인의 역량은 습관의 힘에 의해 좌우된다
누군가를 탓해야 할 이유가 없다

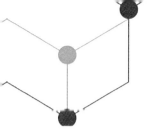
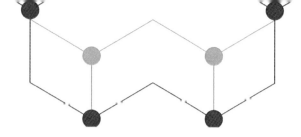

Point 27　활기　◆215

부지런해지기 위해 노력하라
스트레스는 '이겨내는 것'이 아니라 '걷어내는 것'이다
활기 넘치는 사람이 되라

Point 28　관조　◆225

관조는 자신에 대한 합리적 견해를 갖게 한다
모든 깨달음의 배후에는 냉정한 관조가 있었다
강점은 우리를 존재하게 한다

맺는 글　◆232

◀◁ 강점 리스트 ▷▶

삶의 본질, 지표의식

"보이지 않는 본질적 세계에 대한 갈망과 지표는 사람에게 있어서 매우 중요한 부분이다. 왜냐하면, 모든 것이 무너진 상황 속에서도 개인을 붙들어 주고 일으켜 줄 최후의 근거가 되기 때문이다."

지적 갈망

"배움에 대한 갈망과 지적인 필요를 채우려는 인간 본연의 방향성은 사람을 더 위대한 존재로 만들어 준다. 과학과 지적인 발전은 바로 이것을 통해서 일어난다."

심미안

"예술과 문화의 발전은 바로 이 강점을 통해서 탄생하고 발전하였다. 감각적인 탁월함은 타고난 특성에 기인하는 경우가 많으나 개인의 노력 여하에 따라 얼마든지 개발할 수 있다. 세상이 아름다운 이유는 인간 본연의 바로 이같은 특성 때문이다."

진실함

"삶이 본질적 의미를 찾아가는 데 있어서 인간의 이 부분은 매우 중요하다. 사회적 현상이나 올바른 양심을 고수하는 면에 있어서 이 강점만큼 중요한 것도 없다. 비판적이건 긍정적이건 간에 '진실성'은 인간이 개인으로서 괴리감을 가지지 않을 수 있도록 한다."

포용력

"기꺼이 받아들이려는 이 강점을 통해서 사람은 새로운 것들을 시도하고 더 많은 것들을 알아간다. 이 면에 있어 허용과 수용은 좀 다른 의미를 가지는데, '허용'은 '수용'에 비해 다소 관조적 태도의 의미를 가진다. 그러나 이 두 가지 특성 모두 개인을 이기적이지 않게 하고 새로움에 눈뜨게 한다."

겸손함

"이 강점은 허용이나 친절 등의 나머지 특성을 마음 깊은 곳에서 우러나와 가능하게 하는 훌륭한 특성이다. 자신에 대해 합리적 존재감을 갖는 것은 지나칠 정도의 이기적 행동을 하지 않도록 하게 하는 중요한 단초가 된다."

내면 자아

"사람은 외적으로 드러난 자신의 모습이 내면적인 것들에 기인했음을 알고 있다. 외적으로 보이는 존재감은 내면 자아와 상이할 수도 혹은 비슷할 수도 있다. 인간은 스스로가 가진 내면 자아에 대한 인식으로 스스로를 찾아가고 존재로서의 괴리감을 줄여간다. '삶의 본질'이 넓은 의미에서 인륜적 차원의 고민이라면, '내면 자아'는 보다 개인적이고 사적인 자신만의 내면세계에 대한 고민이다."

대인관계 지향성

대인관계성

"다른 사람들의 동기와 감정에 대해 올바르고 합리적인 생각으로 반응할 수 있다는 것은 더불어 살아가는 세계에 있어 축복이라고 할 수 있는 강점이다. 이 강점을 통해 우리는 각기 다른 여러 상황에서 적절하게 무엇을 해야 할지를 결정하고 다른 사람의 마음을 편안하게 한다."

정의감

"주변 사람들의 공감을 얻는 것과 관련하여 이 강점은 매우 중요한 특성이다. 이를 통해 모든 사람들을 공정하게 대하게 되며 설혹 자신의 마음 가운데 그리 끌리지 않는다 하더라도 내면의 정의감 때문에 마음으로부터 어떤 일이든 하게 한다."

사랑

"사람이 가진 대외적 특성 가운데 빼놓을 수 없는 강점이라고 할 수 있다. 사람의 존재 가치를 알게 하고 인류적 애정을 갖게 하는 강점 또한 이것이다. 사람은 함께 공존하면서 서로 사랑을 주고 받을 수 있을 때 행복을 느낀다."

감사

"자신에게 존재하는 것과 주변을 통해 공급받은 것들에 대한 마음으로부터의 감사는, 더 나은 대인관계를 가능하게 하고 원활한 의사소통을 가능하게 한다. 일어나는 좋은 일들에 대해 그것들을 당연하다고 생각하는 것이 아니라 주변 존재들에 의해 그런 것들이 가능했음을 인지하는 태도이다. 때로 이 강점 때문에 또 다른 희생이나 베풂이 대물림되기도 한다."

친절

"세상을 따뜻하게 하는 매우 중요한 강점이다. 인류적으로나 도의적인 관대함은 사회적으로 인간이 외롭지 않다고 느끼게 하는 아주 중요한 단초가 된다. 이를 통해 개인은 다른 사람의 스트레스를 줄이게도 하고 자신이 나아가야 할 대외적 관계를 만들어 가기도 한다."

소속감

"함께 어우러져 공동의 목표를 지향해 나간다는 것은 인간에게 있어 매우 중요한 부분이다. 때론 공동체라는 테두리가 개인의 자유를 침해할 수 있지만, 충성스러움이나 협동으로 인해 인간은 더 큰 목표들을 이루고 더 원대한 미래의 환경을 만들기도 한다."

친화력

"이 부분은 인간이 가질 수 있는 환경적인 모든 요소에 대한 적응의 정도와 관련이 있다. 대인관계가 동료 간에 대한 관계적 요소들을 고려하는 것인 데 반해, 친화력은 사회적 분위기와 환경적 특이성에 대한 능동적이면서 자발적 노력을 말하는 것이다."

창의성

"때때로 이 강점을 사람의 지능과 연결 짓기도 하는데, 이것은 새로운 세계를 열고 더 많은 가능성을 현실로 이끄는 중요한 원동력이라고 할 수 있다. 기존의 고정관념을 타파하고 더 나은 발전을 이루려는 동기도 바로 여기서 나온다."

호기심

"특정 생각들을 시도하게 하고 마침내 상상하지 못했던 전혀 새로운 결과들을 만들어 내는 것이 바로 이 강점을 통해서 가능하게 된다. 지나친 상대방에 대한 호기심은 자칫 개인이 가진 사적인 별개성을 침해하기도 하지만 문화나 예술, 학문에 대한 끝없는 호기심은 인간이 가질 수 있는 가장 아름다운 특성이라고 할 수 있다."

인내

"아무리 무언가를 시도한다 하더라도 개인이 가진 느슨함이나 싫증을 내는 특성을 생각하게 될 때 인내라는 특성은 좋은 결과들과 열매들을 가능하게 하는 매우 훌륭한 강점이라고 할 수 있다. 집중력과 끈덕짐으로 현실의 문제들을 꾸준히 헤쳐나가는 사람이야말로 인간으로서 삶의 짜릿함을 맛보게 하는 의미 있는 강점을 가졌다고 할 수 있다."

미래 지향력

"기꺼이 무언가를 시도하게 하는 것은 호기심뿐만이 아니라 앞으로 더 잘될 거라는 기대에 기인하는 경우가 많다. 성취와 성공의 원천은 바로 여기서 나온다고 해도 과언이 아니다. 사람은 이것을 통해 불명확한 미래에 대해 좋은 느낌을 가질 수 있다."

리더십

"더불어 살아가는 세계 안에서 누군가를 이끌고 카리스마적 지도력을 발휘할 수 있다는 것은 매우 빛나는 특성이라고 할 수 있다. 집단의 과제를 완수하고 함께 공동의 이익을 위해 배가된 에너지를 이끌어내기 위해서 바로 이 강점은 매우 훌륭한 역할을 한다."

목적 추구력

"단순한 인내나 추진력만으로는 미래를 열어 갈 수 없다. 언제나 목적을 가지려는 내면의 방향성이 중요하다. 끝없이 자신의 삶에 목표를 가지려는 이러한 특성이야말로 미래를 이끌어 가고 발전하게 하는 중요한 특성임을 알게 된다."

통찰

"단순히 겉으로 보이는 것에 연연하지 않고 배후의 것을 간파하여 현명한 판단을 하도록 하는 데 이 강점은 매우 훌륭한 역할을 한다. 이 특성은 삶의 실수를 줄이고 시행착오를 거듭하지 않게 한다. 사물을 전체적으로 조망할 수 있게 하고 사물에 함축된 본연의 가치를 이해하게 하는 데 이 특성은 크게 기여한다."

성향 온도 지향성

용감함

"이 강점은 내면의 온도를 강렬하게 하고 정의나 대의를 위해 어떤 것이든 하겠다는 굳은 의지를 갖게 한다. 난관이나 위협 가운데서도 힘을 발휘하게 하며 고통 가운데서도 영혼의 빛을 계속 비추게 한다."

이지력

"이지적 생각을 할 수 있는 이성적 존재로서 이 강점은 다른 이와 자신을 지적으로 구별된 존재가 되게 한다. 사람은 감정적 존재이지만, 이

성적 판단을 통해 비로소 완성된 개인이 된다. 비판과 수용을 거듭하는 가운데 인간은 비로소 도약을 위해 준비된 하나의 인간이 된다."

신중함

"사람에게 있어서 신중함은 뜻하지 않은 재난을 피하게 해 준다. 또한 다른 사람과의 관계에 있어서 해가 될 수 있는 것들을 하지 않게 해 주며, 사회적 존재로서 더 적합한 사람이 되게 해 준다."

정서적 여유

"사람이 외적으로 보일 수 있는 유머감은 삶의 활력을 더해주고 관계에 있어 윤활유 역할을 한다. 만약 사람에게 있어 이 강점이 없다면 세상은 메마르고 황량한 곳이 되고 말 것이다. 쾌활함이야말로 인간을 유쾌한 존재가 되게 하는 중요한 특성이다."

통제력

"존재로서 감정과 행동을 의식적으로 조절할 수 있다는 것은 인간만이 지닌 매우 고귀한 특징이라고 할 수 있다. 이 강점은 인간을 더 크고 위대한 존재가 되게 해 준다. 감정에 통제되는 것이 아니라, 감정을 통제하는 사람이야말로 강한 사람이라고 할 수 있다."

활기

"활력이 없는 사람만큼 세상을 우울하게 보이도록 하는 것도 없을 것이다. 열의와 열정이 있는 사람은 일에 더 의미 있게 몰두하고 삶에서 더 많은 일을 하겠다는 의욕을 가지게 된다. 인생의 의미가 생기면 사람은 활력을 자기 내면의 에너지로 사용하게 된다."

관조

"외부의 눈으로 자신을 냉정하게 바라볼 수 있다는 것은 스스로를 과장하거나 비하하지 않고 현실적 시각을 유지하는 데 특히 도움이 된다. 우리는 이 특성을 통해 자신을 보다 객관적으로 볼 수 있게 되며 더 나은 깨달음으로 나아간다."

강점 코칭이
필요한 이유

사람에게는 누구나 타고난 재능이 있다. 그리고 그런 재능들을 효과적으로 발휘할 수 있는 강점들을 가지고 있다. 하지만 '재능'을 발전시키려는 노력들에 비해 '강점'에 대한 사회적인 관심은 그다지 높지 않은 것 같다. 피아노를 잘 친다거나 달리기를 잘한다는 등의 재능은 쉽게 떠올리는데 반해 이것을 효과적으로 대외적으로 빛나게 할 '강점'들이 무엇인지는 잘 도출해 내지 못하는 것이다.

가령, 달리기를 잘하는 누군가가 있다고 할 경우, 그 사람이 가지고 있는 강점 가운데 '인내심'이나 '협조의 태도'와 같은 특성이 있는지는 잘 생각하지 않는 경향이 있다. 만약, 이런 특성들이 부족할 경우 이 사람은 자신의 기록을 갱신하기 위한 꾸준한 트레이닝을 스스로에게 가하는 면에 있어서 어려움이 있을지도 모른다. 그 사람이 가진 또 다른 성품적 강점을 활용해 재능을 더욱 더 빛나게 할 필요가 있다.

이렇듯 천부적인 재능과 인륜적인 특성으로 갖게 되는 '강점'은 매우 다른 유의 것이면서 뗄레야 뗄 수 없는 불가분의 관계에 있다. 우리는 존재감을 가진 하나의 인간으로서 나 자신이 가진 재능을 올바로 사회에 전시하고 발전시켜 나가길 원한다. 그러기 위해서는 자신이 가진 '강점'들이 적절히 작용될 수 있어야 한다. 이 '강점'은 '장점이냐 단점'이냐와는 다른 의미를 가지고 있다. 강점의 모든 특성들은 자신의 장점이나 재능을 위해서 유익하게 사용될 수 있다.

자기 자신의 존재감을 세상에 드러내고 내면의 자존감을 가지게 되는 데 있어 분명 '강점 코칭'은 큰 의미가 있다. 자신의 강점들을 이해하고 개발하여 개인을 발전시키고 본질적 삶의 의미를 찾아가는 것은 모든 인류의 책임이자 의무라는 생각을 해 본다. 우린 바로 그런 방법을 통해 더 쓸모 있는 사람이 되고 자신의 존재 가치를 더 확실히 발견해 나갈 수 있게 된다.

이제부터 우리가 말하는 강점들에 대해 생각해 볼 수 있는 여러 가지 측면들을 검토해 보기로 하자.

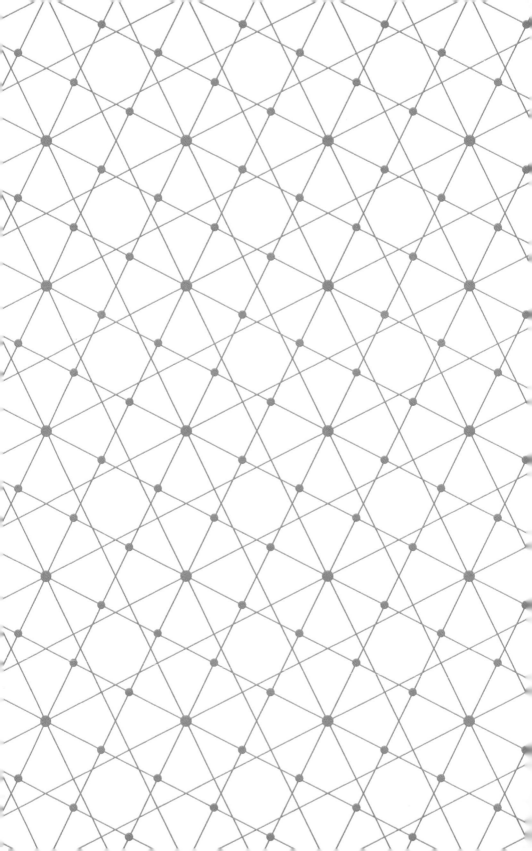

제1부

삶의 본질탐구
지향성

삶의 본질, 지표의식

"보이지 않는 본질적 세계에 대한 갈망과 지표는 사람에게 있어서 매우 중요한 부분이다. 왜냐하면, 모든 것이 무너진 상황 속에서도 개인을 붙들어주고 일으켜 줄 최후의 근거가 되기 때문이다."

본질적 자신과의 대면!

　　　　　　　　　　몇 년 전, 우울증이 나를 압도했던 적이 있었다. 그렇게나 열심히 몰두했던 나의 일들이 사그라진 듯한 느낌에 더해 집에서 식구들과 부대끼게 되면서 사업을 하는 동안 전에는 경험하지 못했던 스트레스가 생기게 되었다.

타고난 재능에 더하여
강점코칭으로
삶을
디자인하라

사실, 엄밀히 말해 나의 존재 가치는 변한 것이 하나도 없었고 장기적인 차원에서 나의 일도 완전히 멈춘 것이 아니었는데도 웬일인지 나의 마음과 정신은 정리가 되지 않았다. 우울함은 나의 생활 사이클을 불균형하게 만들었고 새벽까지 잠을 못 이루고 수시로 깨는 일이 다반사였다.

'내가 언제부터 이런 사람이었나?' 이런 생각에 스스로에 대한 심한 괴리감에 휩싸인 적이 한두 번이 아니었다. 돌이켜 보면 내면의 시련은 다른 것들을 위한 고통의 과정이었는데, 당시에는 감정적 문제들에 압도되어서 헤어나지 못하는 일들만 반복 되었다. 하지만 이제는 시각과 사고가 열리게 되면서 삶에 대한 다양한 관점들을 가지게 되었다. 고통으로 정체성마저 혼란스러울 때는 머릿속이 온통 엉켜져 있었다. 하지만 지금은 현실과 이상 사이의 간극을 구분하고 분리할 수 있게 되었다.

그때의 무력감과 내적인 괴리감을 지면으로 다 표현하기는 어려울 것 같다. 그만큼 나의 '내적 고통'은 심각한 수준의 것이었다. 어찌나 그 정도가 심각했던지 한동안 나는 언어를 제대로 구사할 수 없을 정도였다. 내면의 어두움과 우울함 가운데서 삶의 앙금의 실체를 구분해 내기까지 실로 많은 시간이 걸렸다. 뭐, 물리적 시간으로 볼 때는 그리 오랜 시간은 아니었을지라도 나에게 있어 그 시간은 영겁永劫의 시간처럼 느껴졌다. 그런데 원인을 규명해서 정리해 나가자 삶의 길이 희미하게나마 보이기 시작했다.

내면의 것들을 스스로 길어내기 시작하면서 나는 실로 많은 변화와 희열을 내면에서 느끼게 되었다. 장기적인 시각과 삶의 큰 배경을 느끼면서 미래를 위한 큰 그림을 그릴 수도 있게 되었다. 중요한 것으로, 빛나는 내 안의 '가치'들을 발견하게 되었다. 돌이켜 보면, 거칠 것 없던 시간을 보낸 지난 세월은 '모두가 대부분 다 그래!'라고 말하면서 일반화의 오류를 범했던 적도 있었던 것 같다. 엄밀히 말해, '다 그래!'라고 말하는 이유는 사물의 변칙성이나 의외성 혹은 다양성에 대해 구분할 줄 몰라서 생긴 결과였다. 그것을 볼 수 있는 능력이 생기고 나면 그 모든 것이 부끄러워지는 것이다.

우울함이 극에 달했을 무렵에는 '왜 나만 상처받고, 나만 이러고 있어? 왜 나만?'이라고 생각하면서 주변 세상을 원망했던 적도 있었다. 왜 이런 상황에서 죽음을 생각하지 않았겠는가? 한때는 죽음이 바로 내 앞 보이는 곳에서 나를 기다리고 있다는 생각이 들었던 적도 있었다. 하지만 시야가 트이면서 '나만!'이라는 생각 자체가 나의 주관적인 생각들이 만들어낸 결과라는 것을 알게 되었다. 내면에 깨달음이 생기고 성장하면서 나는 보다 원숙한 존재가 되었다.

'보이지 않는 손'은 나를 전혀 다른 삶의 장소로 이끌었다. 다른 사람들의 감정을 헤아리고 그들의 발전과 가능성을 배가시킬 수 있는 '코칭'의 리더가 되기 위해 어쩌면 각고의 시간들은 나에게 필요한 과정이었는지도 모르겠다. 이런 표현이 어떨지는 모르겠지만, '예수 그리스도'가 사람들에 대한 더 깊은 사랑을 몸소 체험하기 위해 이 땅에서의 시간이 필요했다고 누군가 이야기한 것처럼, 나에게 있어 고난의 시간은 다른 사람의 고통을 '보는' '투영의 시간'이었다는 생각이 든다.

무기력하게 시간을 보내던 그 어느 시점, 나의 뇌리를 스치던 번개 같은 빛이 있었다. 그건 '나는 원래 이런 사람이 아니었어!'라는 생각이었다. 이후 정신을 가다듬고 책을 보기 시작했고 자료들을 탐독하기 시작했다. 밥도 안 먹고 잠도 두어 시간 자면서 책을 보기 시작했다. 이후 내린 결론은 '내면의 가치를 따르는 길을 가보자'는 것이었다. 힘들었지만, 어느 정도의 시간이 흐른 뒤 나는 회복 되었다.

내면의 '나'를 만나기 위해 보낸 시간들을 나는 결코 잊을 수가 없다. 아직도 배울 것이 많고 극복해야 할 것이 많지만, 인생의 비전을 가지게 되었다는 것만으로도 참으로 행복하다는 생각이 든다. 지구별에서의 나의 여정은 아직 끝나지 않았다. 더 감동적이고 극적인 삶의 보람의 순간들을 위해 다시 오늘을 호흡하고 있다.

강점 코칭을 위한 질문

✛ 삶이 나에게 힘겹게 느껴지는 궁극적 이유는 어디에 있다고 생각하나요?
✛ 세상에서 '나만' 힘들다고 느끼는 것은 합리적인 생각일까요?
✛ 도움을 받을 수 있는 어떤 방법이나 근원이 존재할까요?

죽음에 대한 생각이
미래를 만든다

사람들이 절대로 생각하고 싶어 하지 않는 것 가운데 하나가 아마 자신에 대한 '죽음'이라는 부분일 것이다. 하지만 인정하지 않을 수 없는 점은 죽음은 엄연한 현실이고 인생의 하나의 과정이라는 것이다. 우리는 삶의 일부로서 '죽음'을 받아들일 수 있어야 한다.

죽음을 사랑하거나 바라진 않을지언정, 죽음을 염두해 두고 '준비'하는 것은 우리로 하여금 '다른 인생'을 살게 한다는 생각을 한다. 사람은 영원히 살 것처럼 하루를 산다. 오늘이 있었으니, 내일도 있을 것이라는 생각으로 매일 매일을 살아간다. 하지만 우리의 기대와는 다르게 당장 '내일'이 우리에게 존재하지 않게 될지도 모른다. 왜냐하면, 모두는 불확실한 미래를 살고 있기 때문이다.

진시황은 영원을 갈구했고, 그래서 상상 속에서만 존재하는 '불로초'를 구하기 위해 사방으로 사람들을 보내기도 했다. 사람들은 그렇다. 물방울 속에서 우주를 보기보다는 우주 전체를 보기 원하고, 순간을 통해 영원(永遠)을 보기보다는 영원을 실제로 살길 원한다. 유한한 삶을 사는 인간에게 그러한 갈망은 어쩌면 당연한 것인지도 모른다.

근래 들어 화제가 된 자기계발 프로그램 가운데 '죽음 체험'이라는 게 있다고 한다. 유언장을 작성하고 실제로 관 속에 들어가 보기도 하는 등의 조금은 특별한 프로그램이라고 한다. 사람에게 죽음을 생각하는 것이 왜 그토록 중요한 것일까? 죽음은 사람에게 있어 어떤 의미일까? 어쩌면 죽음 그 자체가 아니라, '죽음에 대한 염두' 자체가 사람을 보다 의미 있는 삶을 살도록 하는 것은 아닐까?

사실, 죽음만큼 사람에게 있어 극적인 사건도 없다. 안 가봤으니 죽음 저 건너에 무엇이 있는지는 아무도 알 수 없지만, 분명한 것은 지금 나와 마주 대하고 있는 것과는 작별을 고해야 한다는 것이다. 당연히 죽음을 생각하면 하루하루가 소중해질 수밖에 없다. 보다 성의 있고 의미 있게 하루를 살아야겠다는 생각을 가질 수밖에 없다. 죽음에 대한 생각이 매우 의미 있는 것이 될 수 있는 이유는 '죽음'은 '삶'과 맞닿아 있기 때문이다. '내일'이 오늘과 연결되듯이, 죽음은 우리가 피할 수 없는 '미래'의 일부이기도 한 것이다.

다른 한편으로 죽음은 원천적인 것에 대한 의식, 존재의 근원에 대한 생각을 떠올리게 한다. 신이나, 부모나…. 아무튼, 나를 이 땅에 살게 한 근원적인 것에 대해 진지한 느낌을 가지게 한다. 나의 경우엔 부모님에 대한 생각을 많이 했었다. 나를 세상에 있게 한 근원은 다름아닌 부모님이셨으니 말이다. 그리고 나 자신이 부모가 되어서야 알았다. 부모로서 가지게 되는 책임감과 의무에 대해서…. 자녀에 대한 무한한 책임감이 무엇이고 그 진중함의 깊이가 무엇인지 어렴풋이나마 헤아릴 수 있게 되었다.

'나'는 또 다른 의미에서 새로운 생명의 근원이고 시작이기도 하다. 사실, 이런 영감이나 생각들은 '죽음'에 대한 진지한 물음 이후에 올 수 있는 매우 무게감 있는 것이었다. 더 의미 있는 부모, 더 책임감 있는 사회의 일원이 되는 것은 그런 근본적인 물음이 있었을 때와 없었을 때의 결과가 매우 다르다는 생각을 한다.

'삶의 질'과 '삶의 가치'를 생각하기 위해서 '삶의 끝'을 생각해야 한다는 것이 조금은 아이러니하게 보일 수 있지만, 우린 그렇게, 그런 방법으로 성장한다.

신념이 중요한 이유

신념이 있느냐 없느냐는 사람의 본질적인 삶에 큰 영향을 미친다. 이것으로 인해서 성공의 속도가 결정될 수 있다. 실패는 누구나 경험한다. 하지만 그러한 실패를 뒤로하고 얼마나 신속히 다시 일어날 수 있느냐는 확고하고 명확한 신념이 바탕이 되어야만 가능하다.

신념이 있는 사람은 그 신념에 의해서 상상을 한다. 장차 어떤 사람이 될 것인가를 결정하고 그 원하는 사람이 되기 위해 머릿속 도화지를 편다. 그리고 그 도화지 속에 자신의 이미지를 그려 나가는 것이다. 신념이 없다면 이것은 가능한 일이 아니다. 왜냐하면 쉽게 지치게 될 것이기 때문이다. 신념이 없는 사람에게 실패는 그냥 실패이다. 다른 곳을 향해서 도약할 수 있는 계기가 될 수는 없는 것이다.

신념이 있다면 또한 계획을 세우고 그것에 전념할 수가 있다. 인간은 반복적인 삶이나 과정들에 쉬 피로를 느끼곤 한다. 하지만 이것을 지속 가능한 것이 되게 하는 요소가 있다. 바로 신념인 것이다. 자신의 내면에 있는 대의명분 때문에 사람은 스스로의 삶에 있어 피로를 감내하고 그 일을 꾸준히 해 나갈 수가 있다. 꿈이나 목표에 달하고자 하는 욕망을 강하게 해서 몰두하거나 전념하게 하는 것이 바로 신념이다. 환경이나 역경에 굴하지 않는 태도는 바로 여기서 나온다.

신념을 가진 사람은 자신이 목표로 하는 일에 대한 확신이 있다. 그러한 확신은 초인적인 힘을 발휘하게 하기도 하고, 어려움을 헤쳐 나갈 수 있는 방법을 구상하게 하기도 한다. 아울러 적극적 사고를 통해 성공의 토대를 만들어 낸다. 많은 실패 가운데서도 견디며 그 일을 하게 하는 것은 분명 일에 대한 확신일 것이다. 신념은 그래서 중요하다.

신은 나약한 인간을 통하여 자신의 일을 하곤 한다. 그런 방법으로 인간이 살아 있다고 느끼게 하고, 살아야 할 이유를 가지게 한다. 인간이 위대한 이유는 바로 그런 방법으로 신의 일을 하기 때문이다.

강점 코칭을 위한 질문

❖ 자신이 가장 중요하다고 생각하는 신념이 있나요?

❖ 그 신념은 자신의 생명을 걸 만큼 중요한 것인가요?

❖ 자신의 신념 배후에 바탕이 된 것은 무엇이었나요?

나에게 있어
삶의 의미는 어디에 있는가?

삶은 그 어떤 삶이라도 나름의 의미와 가치를 지니고 있다. 가치 있는 삶이나 의미 있는 삶이 되기 위해서 꼭 좋은 옷에 좋은 음식을 먹어야 하는 것은 아니다. 물론, 그런 것들이 삶의 질을 부분적으로 높여 줄 수는 있을 것이다. 하지만 그것은 단지 외형적인 것에 불과하다. 가난으로 인해 겪어야 할지 모를 참담함을 피하게 할 뿐 본질적인 가치를 부여하는 것은 아니다.

삶은 많은 경우 맘먹은 대로 움직여지지 않는다. 고달픔이 시간의 대부분을 차지하게 되는 경우도 있다. 하지만 그러한 삶에도 나름의 의미와 가치는 있다. 고달프면 고달픈 대로 기쁘면 기쁜 대로, 모든 삶의 장면은 특유의 가치를 담뿍 담고 있다고 보는 것이 맞다. 사실, 삶의 가치를 생각할 수 있는 시간은 바로 '지금'이다. 그럼에도 불구하고 많은 사람들은 인생의 가치를 미래를 위해 애쓰는 것에 둔다. 그리고 그 미래를 위해서는 현실의 그 무엇도 희생하려고 한다. 현재를 망가뜨리고 미래를 위해 살겠다는 그런 생각은 정말이지 무식하고 어리석은 생각이다.

이룩하고 싶은 미래의 그 무엇을 위해서, 현재 하고 싶은 것이 있어도 꾹 참고, 즐기고 싶은 것이 있어도 모른 척하고, 먹고 싶은 것이 있어도 꾹 참고, 자고 싶어도 피곤함에 절어 휘청대는 한이 있더라도 잠을 못 자는 것이 지금의 현실이다. 물론, 미래를 위해서 어느 정도의 희생이 필요할 때도 있다. 하지만 우리의 삶에 '현재'란 없는 것인 양 매사를 살아나가는 것은 분명히 문제가 있다고 할 수 있다. 어찌 되었

타고난 재능에 더하여
강점코칭으로
삶을
디자인하라

건 현재의 삶을 무한정 희생시켜 버리는 삶의 방향성은 결코 행복해질 수 없다.

돈 벌어 부자가 되면 모든 것이 보상될까? 실제로는 그렇지 않은 것 같다. 돈으로는 행복해지는 면에서 한계를 가질 수밖에 없다. 진실이 그러하다. 돈을 벌어 모으는 데만 현재의 삶을 온통 투자해 버리는 것처럼 서글픈 일도 없다. 현재의 지나친 희생은 현재도 미래도 다 같이 잃어버리게 한다. 왜냐하면, 미래는 언젠가 현재가 되기 때문이다. 미래를 사는 사람들은 가까운 미래가 현실이 되는 시점이 오더라도 또 다른 미래를 꿈꾸며 현실을 희생할 수밖에 없다.

우리에게 가장 중요한 시점은 바로 '지금'이다. '삶의 가치'를 느낄 수 있는 시점도 바로 지금이다. 현재를 온통 돈을 버는 데 사용해 버리면 삶은 '고통'으로 점철될 것이다. 나이 들어 젊어서 살지 못한 삶에 대한 원망이 남지 않으려면, 지금 참으로 가치 있는 것이 무엇인지를 삶에 있어 구분해 낼 수 있어야 한다.

어떠한 삶이든 나름의 의미와 가치는 있다. 그리고 주관적일지 모를 '행복'에 대한 나름의 방향성을 가지고 있다. 다만 우리는 어리석기 때문에 그 가치와 행복을 눈치채지 못하는 경우가 있다. 삶이 아름다울 수 있는 이유는 우리의 행복에 대한 가치 기준이 획일화되어 있지 않기 때문이다. 사막 가운데 피어나는 꽃처럼, 척박한 환경에서도 우리의 인생은 충분히 아름답고 가치 있는 것으로 승화될 수 있다.

그러니, '왜 내 인생만 이렇게 꼬였냐?'고 할 필요가 없다. 인생의 가치는 물질적 화려함에 의해 결정되는 것도 아니고, 특별한 격식에 의해 정의되는 것도 아니다. 얼마든지 가치 있는 삶으로의 반짝임을 가질 수 있다. 우리 각자에게는 내면에 숨겨진 위대함의 씨앗들이 있다.

강점 코칭을 위한 질문

⊕ 자신에게 있어 삶은 어떤 의미인가요?

⊕ 의미 있거나 액티브한 일을 하지 않더라도 나의 삶은 스스로에게 의미 있
  는 것인가요?

⊕ 삶을 의미 있게 하는 것은 무엇이라고 생각하나요?

지적 갈망

"배움에 대한 갈망과 지적인 필요를 채우려는 인간 본연의 방향성은 사람을 더 위대한 존재로 만들어 준다. 과학과 지적인 발전은 바로 이것을 통해서 일어난다."

배워야 살아남는다.
끝없이…

삶을 설레게 하는 사실 하나가 있다. 삶은 매일 매일 새로운 것들을 배울 수 있다는 사실이다. 사실, 지루하게 이어지는 하루하루가 뭐가 그리 배울 게 있겠냐고 생각하게 될 수도 있다. "그냥 매일이 반복되기만 하는 거 같은데?"라고 이야기하는 사람도 있다. 그러나 시간은 아무에게나 그런 배움을 허락하지 않는다. 수용적이고 포용적이며 무엇보다도 겸손한 사람에게 그런 배움을 허락하는 것이다.

삶의 위대한 철학 중 하나는 '매일 새로운 배움이 존재한다'는 점이다. 마음이 따뜻하고 겸손한 사람들에게는 매일이 배움이며 그래서 그런 사람들에게 인생은, 각각의 새롭게 시작되는 하루가 '설렘'일 수밖에 없다. 배움은 그 자체만으로도 자신에게 기울일 수 있는 가장 큰 투자이다. 그리고 가치 있는 일이다. 하지만 꼭 기억해야 할 한 가지 사실은 배움은 어디까지나 목적을 위한 '수단'이라는 사실이다.

주위에 평생 학생 신분으로 배우려는 사람도 있다. 단순한 '인생의 학습자'를 빗대어 말하려는 것이 아니다. '실제' 학위나 졸업장을 위해 '학교'라는 울타리에 대한 미련을 버리지 않는 경우를 말하는 것이다. 물론, 그런 삶을 선택하는 것이 뭔가 잘못되었다고 말하려는 것은 아니다. 삶은 그 자체만으로도 충분히 가치 있으니 말이다. 하지만 그런 사람들은 아는 것이 많을지는 몰라도 실제로 성취하는 것은 적을 수밖에 없다. 물론, '배움' 그 자체를 삶의 목표로 삼는다면 얘기가 달라지겠지만 말이다.

주변을 살펴보면 초등학교, 중학교 정도밖에 나오지 않은 상태에서도 당당히 자신의 삶을 일구어, 보란 듯이 빛나는 결과들을 만들어 내는 사람들이 있다. 사람에게 중요한 것은 어느 정도의 '학벌'이 존재하느냐가 아니다. '지식'은 자신뿐만 아니라, 주변 세상에 희망과 보람을 줄 수 있을 때 비로소 그 진가를 발휘한다. 드러나지 않는 '보물창고'에 계속 저장만 하거나 계속 숨겨만 둔다면 그것이 아무리 큰 가치가 있다 하더라도 '없는 것, 휴지조각'에 불과할 것이다.

학교 교육을 통해 배우지 못한 사람들은 배울 수 있는 기회가 없을까? 결코 그렇지 않다. 그들에게 삶에서 경험하는 모든 것들이 하나의 '깨달음'이 된다. 매우 중요한 점으로, 그렇게 알게 된 것들을 '실제 생활'에 '적용'함으로써 성취를 맛본다는 사실이다. '배우지 못한 사람'이라는 열등감이나 '자격지심'으로는 어떤 것도 만들어 낼 수 없다. 당연히 마음 안에 '사심 없는 겸손'과 '맑은 영靈'이 있어야 그 모든 것들이 가능하다.

아는 것을 '실천'함으로 얻게 되는 것은, '깨달음' 자체에 대한 가치가 부각된다는 점에 더해 스스로의 가치도 함께 상승한다는 점이다. 많은 사람들이 현재 자신이 가진 것보다 앞으로 뭘 가질지에 더 많은 관심이 있다. 일면, 이런 모습은 당연해 보이기도 하지만 인생이라는 큰 의미로 보자면 결코 바람직하지는 않을 수 있다. 그런 상태로는 '늘' 만족스럽지 못한 상황밖에 느껴지지 않기 때문이다. 그런 사람에게 '성취'란 도무지 가질 수 없는 것이 되고 말 것이다.

'제발 이것만 가지면 더없이 좋을 텐데'라고 바라고 나서도, 욕망이 충족되면 허탈감에 빠지는 사람들, 그런 사람에게 삶은 아무런 '기쁨의 깊음'도 선사하지 않는다. 만족함이 없는 삶은 매일이 같을 수밖에 없다. 새 집을 마련한 사람은 곧바로 더 큰 새 집에 대해 열망할 수밖에 없고, 이것은 다른 소유물에 있어서도 마찬가지일 것이다. 이런 일은 어쩌다 있는 경우가 아니라 '흔히' 발생하는 상황이다.

계속해서 새로운 것을 갈망하는 것은 '개인의 발전'을 위해 분명 필요한 일이다. 그러나 그런 갈망 속에 '만족의 시간'이 없다면, 인생은 추구하고 좇는 일의 반복만 이어지는 의미 없는 몸부림이 될 것이다. 결국 '언제나' 불행할 수밖에 없다. 그러니, '배움'을 추구하더라도 성취와 만족을 함께 경험하는 '배움'이어야 할 것이다. 관심의 앵글을 '원하는 것'으로부터 '지금 자신이 소유하고 있는 것'으로 돌린다면 '배움'의 방향성도 기쁨의 성숙도도 크게 달라질 것이다.

사람은 평생을 통해 배운다. 그러나 그 배움은 남에게 자신을 어필하기 위함이라기보다는 스스로의 내면적 삶의 성취를 위한 것이다. '배움의 간판'이 자신을 빛나게 할 수는 없는 문제이다. '행복'의 진정한 의미가 무엇인지 되돌아볼 때이다.

강점 코칭을 위한 질문

✦ 당신에게 배움이란 어떤 의미인가요?

✦ 가장 배우고 싶은 것은 무엇이며 가장 필요한 배움은 무엇이라고 생각하나요?

✦ 깨달음이나 또 다른 학습을 위해 기꺼이 시간을 낼 수 있나요?

삶의 중요한 화두는
무엇으로부터 오는가?

사람마다 삶에 있어 중요하다고 생

각하는 점은 다를 것이다. 그리고 그런 다름은 세상을 더 다채롭고 아름다운 것이 되게 한다. 삶에 있어 진짜 중요한 것은 무엇일까? 솔직히 말해 나는 이 질문에 대한 답을 말하고 싶지 않다. 사실 진짜 중요한 것은 이 질문 자체이다. 우리는 끊임없이 자신의 삶에 있어 중요한 것이 무엇인지를 물어야 한다. 그래야 삶을 낭비하지 않을 수 있고 통찰력 있게 삶을 꾸려 나갈 수 있다.

사람은 흔히 삶의 무게에 짓눌린다. 그러다 보면 정작 중요하다고 생각되는 것들을 잊고 살기도 한다. 고단함에 찌들다 보면 나도 모르게 한숨이 나온다. 그리고 무기력해진 마음으로 모든 소중한 것들의 가치를 쉽게 잊게 된다. 많은 사람들이 이런 패턴을 경험한다. 그러하기에 '정말 중요한 것이 무엇인가'를 되뇌이는 것이 필요한 것이다.

하루 중 언제라도 괜찮다. 짧은 순간이라도 괜찮다. 스스로에게 '나에게 있어 정말 소중하고 중요한 것은 무엇인가?'라고 질문해 보길 바란다. 어떤 경우엔 눈물이 날 수도 있다. 그 순간 우리 자신의 삶을 진지하게 생각하도록 해 주기에 이 질문은 특히 중요하다. 나의 에너지를 더 현명하고 의미 있게 사용하도록 하는 이 질문은 나 자신에게 '잘할 것'이라는 확신을 주고 '뭘 해도 잘해낼 것'이라는 위로를 부여한다.

물론, 아주 단순하게 보일 수도 있다. 하지만 그 힘은 대단히 강력하다. 인생에서 꼭 이루어야 할 것은 무엇일까? 아마 사람마다 다를 것이다. 하지만 분명한 것은, 우리 자신은 뭘 해도 잘할 것이라는 사실이다. 이 글을 읽고 있는 모두가 그렇다고 나는 믿는다. 다른 사람들의 시선이나 암묵적인 외부로부터의 시선은 중요하지 않다. 우린 존재만으로도 충분히 아름답다.

'자신을 믿는 것'은 모든 성취와 성공의 기본이다. 그리고 그런 믿음의 바탕들은 내가 이 책을 통해 줄곧 말해 왔던 것들을 통해 형성될 수 있다. 정해진 답은 없다. 그러나 모두는 스스로의 자존감과 '자신에 대한 확신'으로 삶을 온전히 자신의 것으로 만들 수 있다.

돌이켜 보면, 나 자신의 삶도 그리 순탄치만은 않았다. 때론 삶이 나를 속이고 괴롭히고 있다는 생각이 든 때도 있었다. 이 책의 앞부분에서 언급했지만, 눈물이 날 때도 있었고, 형언할 수 없는 압박감으로 비록 잠시이긴 했지만, 알 수 없는 힘에 의해 언어 능력이 상실된 적도 있었다. 시련이었다. 그리고 슬픔이 나를 압도한다는 것을 느끼며 나는 끝없이 아래로 가라앉고 있었다.

인정하지 않을 수 없는 점은, 인간은 자신의 내면에 일어설 수 있는 자신만의 엄청난 에너지를 품고 있다는 사실이다. 이 눈물겨운 사실 때문에 우리는 언제나 삶을 유지하면서 살아갈 수 있다. 그리고 이 힘을 바탕으로 우린 슬픔을 환희로, 좌절을 성공으로 만들 수 있다. '잘할 수 있다'는 확신과 믿음으로 스스로를 다져 나간다면, 인생은 필시 아름답고 의미 있는 것이 될 것이다.

그리고 우리는 삶에 있어 '성공'이 무엇인지를 이해하게 될 것이다.

강점 코칭을 위한 질문

✦ 삶에 있어 가장 중요한 것은 무엇일까요?

✦ 성공은 당신에게 무슨 의미인가요?

✦ 스스로 삶에 대한 소박하면서도 합리적인 견해를 가질 수 있나요?

타고난 재능에 더하여
강점코칭으로
삶을
디자인하라

심미안

"예술과 문화의 발전은 바로 이 강점을 통해서 탄생하고 발전하였다. 감각적인 탁월함은 타고난 특성에 기인하는 경우가 많으나 개인의 노력 여하에 따라 얼마든지 개발할 수 있다. 세상이 아름다운 이유는 인간 본연의 바로 이같은 특성 때문이다."

진행되는 일에 묻혀
아름다움을 놓쳐서는 안 된다

할 '일'이 있다는 것은 행복의 이유이기도 하다. 하지만 일 자체가 목적이 될 수는 없다. 많은 사람들이 일하는 것을 삶의 유일한 목적인 양 살아가는 경향이 있다. 하루 중 가장 많은 시간을 보내는 곳은 아마도 직장일 것이다. 밤 늦게까지 일하고 아침 일찍 일어나는 일상의 반복이 계속 이어지고 있다. 물론, 일의 숭고함이나 그 가치는 분명 간과할 수 없는 부분이 있다. 하지만 일 외의 다른 삶은 존재하지 않는다는 듯 살아가는 것은 분명히 문제이다.

삶을 충분히 즐기지도 못한 채, 사랑하는 사람들에게까지 그로 인한 희생을 강요하는 것은 분명 정상적인 순환이라고 할 수 없다. 특별히 어떤 희생을 강요하지는 않는다 하더라도 엄마로서의 혹은 아빠로서의 애정을 자녀에게 주지 못한다면 이것이야말로 자신 외의 가족들에게 희생을 요구하는 것이라고 할 수 있다.

유감스럽게도 많은 가정들이 일과 가정에 대한 균형 잡힌 시각을 소유하지 않기 때문에 깨지곤 한다. 사랑하는 사람들을 방치하는 등의 모습들은 사람이 과연 무엇으로 사는가를 생각하게 하는 부분이다. 실제로 인간의 본질적인 부분은 사랑하는 사람과의 관계 안에서 생긴다. 돈 벌어 주는 것도 사랑이고 관심이라고 말하는 사람도 있지만, 엄연히 이것은 다른 문제이다.

과연 '해야 할 일들'에 대한 강박관념은 일시적인 것일까? 지금까지 주변 상황들을 살펴보면 그런 것 같지는 않다. 일에 찌들어 사는 사람은 일이 없으면 허전해 한다. 그리고 더 가치 있는 인륜적인 부분들에 관심을 쏟기는커녕, 뭔가 다른 일할 거리가 없는지 찾아 헤맨다. 일을 마친 후에는 차분해지고 여유로워질 거라고 자신을 타이르지만 실상은 그렇지 않은 것이다. 일로 인해 행복해질 수도 있지만, 일에 대한 강박적 느낌은 인간관계의 긴장을 초래할 수도 있다.

어느 정도 일로 인한 성과들을 만들어 내고 나면 그로 인해 생긴 여유로 행복해질까? 실제로 그런 일은 드물다. 어떤 일이 해결될지는 모르지만, 그 이후에 할 일이 더는 없는 일은 존재하지 않기 때문이다. 또다시 새로운 일이 우리 자신을 찾아오기 마련이다. 그리고 또다시 그 일에 의해 짓눌림을 당하기 일쑤이다.

일이 더 이상 존재하지 않는 상황이란 있을 수 없다. 언제나 일은 존재하고 사람은 그로 인해 정체성을 찾아간다. 해야 할 전화, 완성해야 할 프로젝트, 이런 것들은 인생을 두고 끊임없이 일어난다.

나 자신이 어떤 신분을 가진 어떤 부류의 사람이든지, 무슨 정체성을 가지고 있든지 간에 잊지 말아야 할 한 가지 사실이 있다. 자신과 사랑하는 사람의 행복보다 더 중요한 것은 없다는 사실이다. 마음의 평화는 나 자신에게만 있어야 하는 것이 아니라, 그들 '모두'에게 있어야 한다.

일에 대한 책임감에만 사로잡혀 있다면, 절대로 행복이 무엇인지 알 수 없을 것이다

인생의 목적은 모든 것을 해내는 것일까? 내 생각에 그런 것 같지는 않다. 자신이 해야 할 다방면의 일들을 하나하나 풀어가며 즐거운 삶을 사는 것, 그리고 사랑으로 충만한 인생을 영위하는 것이라고 나는 생각한다. 목표 달성이 문제가 아니라는 얘기이다. 죽는 그 순간까지도 우리에게는 다 처리하지 못한 여러 문제들과 일들이 존재할 것이다.

자신이 아니면 할 수 없는 일이란 존재하지 않는다. 세상에 내가 존재하지 않아도 세상은 여전히 돌아간다. 책임감 있게 일하고 문제들을 처리하는 것은 물론 중요한 일이다. 하지만 그로 인해 소중한 것들을 돌아보지 못할 정도가 되어서는 안된다. 그것은 인생을 압도당하는 것

이며 우선순위를 지키지 못하는 것이다.

집착은 내적 아름다움과 소중함을 가리게 할 수 있다

사람에게는 저마다 다른 가치 기준이 있다. 그러다 보니, 희한하게도 별로 중요하다고 생각되지 않는 일들에 집착적으로 매달리는 사람들을 보곤 한다. 이건 비단 다른 사람들만의 이야기는 아니다. 나 역시 다른 사람들이 보기엔 '그렇게까지 매달릴 일이 아닌데 왜 저러지?' 싶은 모습들이 분명 있을 것이다. 이런 '괴리'들은 '삶의 다양성' 차원으로 다뤄지면 좋겠지만, 실제 모습은 그렇지 않은 경우가 많다. 다툼이나 갈등의 원인이 되는 경우가 자주 발생하는 것이다.

나와 다른 사람과의 이런 '다름'으로 인한 괴리를 줄일 방법이 있을까? 혹은, 적어도 나 자신이 보다 객관화된 가치를 추구하고 있는지 알아낼 방법은 없는 것일까? 지금 내가 하고 있는 일이 가장 중요하다고 믿는 잘못된 생각을 깨뜨리기 위한 좋은 방법이 있다. 그것은 일종의 '시간 대입'을 해 보는 훈련을 하는 것이다.

자신의 눈앞에 닥친 상황이 지금이 아닌 1년 후에 일어난다고 가정했을 때, 그때도 나 자신이 현재와 똑같은 결정을 할 것인지, 지금과 같은 행동의 가치를 부여할 수 있을 것인지를 숙고하는 것이다. '이렇게나 발버둥쳐야 할 만큼 중요한 문제인가?'를 생각했을 때, 마음으로부터 정직하게 '그렇다'고 말할 수 없다면 그것은 합리적인 생각이 아닌 것이다. 꽤 많은 경우가 바로 여기에 속한다는 것을 알고 놀라게 될지 모른다.

예를 들어, 직장 상사와의 의견 대립, 아쉽게 날려 버린 기회, 실수로 잃어버린 물건들, 누군가로부터의 거절, 넘어져 생긴 다리의 멍자국 … 이런 것들은 삶을 불유쾌하게 하는 경험들일 수 있다. 하지만 1년 후가 되면 이런 일들은 기억에서 없어지기 마련이다. 그리고 우리는 이런 것들에 더 이상 큰 의미를 두지 않게 된다. 별로 문제가 되지 않는 사소한 것들이기 때문이다.

물론, 이런 식의 '시간 거스르기'식 방법이 실제 문제들을 해결해 주는 것은 아닐지도 모른다. 하지만 문제들을 객관적으로 보는 능력과 의연함을 만들어 줄 수 있다. 삶에 있어 진정으로 가치 있는 것이 무엇인지를 알게 한다. 또한, 자기 자신이 추구하는 바가 집착에 의한 것인지 아니면 실질적 가치에 의한 것인지를 알게 한다. 여러모로 이러한 검토는 각자의 인생에 있어 유익한 실마리를 제공한다.

한때는 심각하게 여겨졌던 일들이 어느 정도의 시간이 흐르고 나서 '에이, 별것 아니었잖아?' 하면서 픽~ 하고 웃어 버리는 식의 에피소드들을 만드는 때가 있다는 것을 우리는 잘 알고 있다. 어쩜 너무나 진지하고 집착적으로 매달리던 자신의 모습이 부끄러워지게 될 것이다. 삶이란 그런 것이다. 지나고 보면 아무것도 아닌데, 온갖 설레발로 감정을 실어 달려들다가 나중에 후회하는 그런 식인 것이다. 이런 종류의 시행착오를 만들어야 할 필요가 없다.

참으로 가치 있는 것들에, 우리의 감정과 에너지를 발휘할 수 있어야 우리는 후회하지 않는 삶을 살 수 있게 된다. 그러기 위해서 우리가 가져야 하는 내적인 특성은 어쩌면 '냉정함'인지 모른다. 찬찬히 조목조목 따져 볼 수 있는 내적인 능력이 필요한 것이다. 쓸데없는 것들에 마음을 쓰기보다, 사랑하는 사람들과 의미 있는 시간을 가지거나, 창의적인 생각을 하는 데 시간을 사용할 수 있다면 우리의 삶은 이전과는 다른 보다 가치 있는 삶이 될 것이다.

강점 코칭을 위한 질문

✛ 혹시 자신의 의지와는 상관없이 집착하게 되는 일이 있나요?

✛ 혹은 자신이 이루려는 일들에 집착하는 성품을 가지고 있진 않나요?

✛ 삶의 아름다움과 그 가치를 인식하는 면에 있어 그런 집착이 방해가 된다는 생각을 해 본 적은 없나요?

타고난 재능에 더하여
강점코칭으로
삶을
디자인하라

진실함

"삶이 본질적 의미를 찾아가는 데 있어서 인간의 이 부분은 매우 중요하다. 사회적 현상이나 올바른 양심을 고수하는 면에 있어서 이 강점만큼 중요한 것도 없다. 비판적이건 긍정적이건 간에 '진실성'은 인간이 개인으로서 괴리감을 가지지 않을 수 있도록 한다."

진실함의 부재는
스트레스를 만든다

　　　　　　　　　　매일을 보내며 우리는 눈앞의 일들이 우리 자신을 괴롭힌다는 걸 알게 된다. 하지만 우리의 정신적 스트레스를 만들어 내는 또 다른 원인이 있다고 생각해 본 적이 있는가?

사실, 스트레스는 일 자체보다도 지나친 '욕심'에 의해서 생긴다.

의도했던 일들이 이루어지지 않거나 목적한 바가 이루어지지 않아 크게 낙심했던 경우를 우리는 살면서 한 번쯤 경험한다. 물론, 목표를 만들지 않으면서 살 수는 없는 노릇이다. 그렇지만, 욕망을 통해 정해진 목표가 만족스러울 만큼 해결되지 못하면 이내 생기는 것이 스트레스이다. 따지고 보면 우리가 가진 스트레스의 상당 부분이 바로 그것에 기인했다는 것을 알게 된다.

그러니 만약 스트레스에 굴복하고 싶지 않다면 욕심을 '적당히' 가져야 할 것이다. 자신의 분량에 맞는 욕망을 갖는 것이 무엇보다 중요하다. 아무리 힘들게 일을 했어도 욕망이 해소되면 스트레스는 쌓이지 않는다. 일부 사람들은 피로와 스트레스를 혼동하기도 한다. 하지만 이 둘은 완전히 다른 것이다. 하고 있는 일들이 잘 진척된다면 피로는 누적될 수 있어도 스트레스는 없을 수 있기 때문이다.

스트레스로부터 벗어나기 위해 산이나 바다 같은 곳으로 여행을 가보는 것도 한 방법이 될 수 있다. 무언가에 깊이 몰두하는 것은 실제로 여러 방면에서 유익하다. 정신적인 긴장을 풀어낼 수 있는 방법이 있다면 어떤 것이든 시도해 보길 권하고 싶다. 자신이 좋아하는 취미 생활을 한다든가 노래를 부르는 식의 '해소 비상구'가 우리에게는 필요하다.

이런 활동들을 통해 자신의 정신과 마음에 새 힘을 얻는 이유를 살펴보면 우리는 또 다른 통찰을 얻게 된다. 이런 활동들을 통해서는 욕심이 추가되지 않는다는 사실이다. 그저 그 활동들을 즐기는 것일 뿐이다. 그런 모습들 속에 우리는 자신이 가진 욕망을 대입시키지 않는다. 그저 아름다움이나 즐거움에 몰두하는 정도인 것이다. 음악을 듣거나 쥐미 생활을 하면서 욕심을 가지는 사람은 세상에 존재하지 않는다. 만약, 이런 활동들에 욕심을 대입한다면 그마저도 스트레스의 원인이 될 것이다.

삶을 재밌고 역동적이며 스트레스를 덜 느끼는 것이 되도록 하는 방법도 우리는 이 시점에서 생각할 수 있게 된다. 매사를 대하면서 욕심의 많은 부분을 내려놓거나 즐기듯 일상들을 대하면 되는 것이다. 유튜브 영상으로 일약 스타덤에 올랐던 싸이가 이런 말을 한 적이 있다. "즐기는 사람을 이길 수 있는 사람은 없다."고 말이다. 내적인 스트레스가 없으니 그 누구보다도 자신의 일을 사랑할 수 있게 되며 지치는 일 없이 현재를 영위할 수 있게 되는 것이다. 사실 어찌 보면 '성공'을 위한 삶의 방법은 여기에 열쇠가 있는지도 모른다.

스트레스가 욕심에 의해 생긴다는 점을 생각한다면, 욕심을 버림으로써 보다 풍요로운 내적 만족을 느끼는 인생이 가능하다는 것을 알게 된다. 삶은 그다지 힘든 게 아닌지도 모른다.

강점 코칭을 위한 질문

✤ 혹시 자신의 욕심 때문에 진실하지 못하거나 그로 인해 피곤함을 느낀 적은 없나요?

✤ 내 안의 나에게 정직할 때 일상의 스트레스를 줄일 수 있다는 것을 알고 있나요?

✤ 삶의 진정성은 어디서 온다고 생각하나요?

✤ 욕구와 욕망을 통해서도 그런 삶의 진정성을 발견할 수 있을까요?

삶에는
소신이 있어야 한다

다른 어느 누구도 아닌 '나'이게 하는 특성들이 있다. 그것은 성품이나 습관 같은 것일 수 있지만, 다른 한편으로 삶의 방향성이나 가치관인 경우도 있다. 우리는 그것을 '주체성主體性'이라고 부른다. 외부의 어떤 상황들에서도 바뀔 수 없는 나만의 모습은 진정으로 우리 자신의 삶을 가치 있게 하는 것이라고 할 수 있다. 그것으로 인해 나는 비로소 존재로서의 가치가 뚜렷해지고 의미 있는 독자성을 가지게 될 수 있다.

소신대로 자신의 삶을 조절해 나가는 것만큼 인생에 있어 중요한 의미를 지니는 것도 없다. 이런 주체적 특성이 사라지고 나면 나의 존재나 객체로서의 삶도 사라지게 되는 것이라고 할 수 있다. 버튼 하나에 움직이는 로봇처럼 말이다.

이게 왜 그리 중요한 것일까? 인체의 뼈는 사람이 제대로 된 형태를 가질 수 있게 해 준다. 만약, 뼈가 없다면 사람은 외적인 아름다움은 커녕, 자신이 원하는 대로 몸을 가누기도 힘들 것이다. 비슷하게도, 정신을 지탱해 주는 뼈가 바로 주체적 특성을 가진 내면의 독자성이라고 할 수 있다. 나를 이 세상에 나올 수 있도록 해준 이는 '부모'다. 하지만 어느 정도의 시간이 지나 모진 세파에도 꿋꿋함을 유지하면서 삶을 이어 가도록 한 것은 바로 이런 '주체적 특성'이다.

나쁜 일을 하면 안된다는 생각이나 유혹에 빠지지 않게 하는 삶의 당당함을 부여하는 것? 바로 이것 역시 내면에 위치해 있는 주도적인 느낌 때문이다. 일종의 자존감인 셈이다. 자신의 자존감을 팔면 사람은 어떤 치사스런 일이나 부정직한 일도 쉽게 하게 될 수 있다. '돈이라 넌 어떤 것이든 할 수 있다.'는 식의 정서도 바로 이런 자존감의 상실에서 비롯되는 것이다.

가난이 범죄로 인도되는 유혹에 사람들을 더 많이 노출시키는 것은 사실이지만, 이것을 실행으로 옮기게 하는 것은 역시 자존감의 상실이라고 할 수 있다. 이런 모습은 누군가 더 많이 접하게 될 수 있는 불리한 삶의 장면들이 아니다. 돈이 많은 사람들은 권력의 힘에 자신의 영혼을 파는 일을 쉽게 하게 될 수 있고 미인계에 쉽게 넘어가게 될 수 있다. 가난으로 인한 것이든지, 아니면 주어진 권력에 의한 것이든지 간에 모두에게는 자신의 영혼을 팔아넘길 만한 삶의 약점과 맹점들이 존재한다.

주체적 특성이 바로 서 있다면, 우리는 자신의 자존감을 쓰러뜨릴 만한 그 어떤 일도 하지 않게 될 것이다. 주위 사람들로부터 '숙맥'이라거나 '멍충이' 소리를 듣는 한이 있다 하더라도, 자신의 도덕관념을 버리는 일을 하지 않게 된다. 바로 이런 방법으로 우리의 양심과 도덕 프로세스는 지켜지게 된다.

소신 있는 삶은 가치에 있어서 그 차원이 완전히 다를 수밖에 없다. 누가 뭐라 해도 스스로를 자랑스러워하고 의미 있게 여기게 되어 흔들리지 않는 삶을 살아갈 수 있게 된다. 그리고 이것은 인생에 있어 그 형태를 가늠하게 하는 중요한 요소가 된다.

어쩌면 사람이 가지고 있는 '매력'이라는 것은 각자가 가진 '주체적 특성' 때문에 느껴지는 것인지 모른다. 여자들에게 '나쁜 남자'가 매력 있어 보이는 이유는 실제로 누군가가 가지고 있는 나쁜 특성이 그를 빛나게 한다는 의미가 아니라, 그가 가진 '주체성을 가진 존재'로서의 또렷한 이미지 때문일 것이다. 너무 고집스러워도 안되겠지만, 사람은 누구나 인생에 있어 삶의 뚜렷한 윤곽을 그릴 수 있는 사람들을 사랑하게 되어 있다.

이것은 우리 자신이 사랑스런 사람이 되고 있냐는 것을 가늠하는 중요한 사실일지 모른다. 나 자신과 타인 모두에게 사랑스러운 사람이 되기 위해 자신이 '얼마나 소신 있는 삶을 살고 있는가?'를 검토하는 것은 분명 필요한 과정일 것이다.

강점 코칭을 위한 질문

✦ 자신의 소신이라고 생각하는 가치관이 있나요?

✦ 다른 사람은 나를 소신 있는 사람으로 생각하고 있나요?

✦ 나는 참으로 자신의 가치관에 비추어 볼 때 정직한 사람인가요?

타고난 재능에 더하여
강점코칭으로
삶을
디자인하라

포용력

"기꺼이 받아들이려는 이 강점을 통해서 사람은 새로운 것들을 시도하고 더 많은 것들을 알아간다. 이 면에 있어 허용과 수용은 좀 다른 의미를 가지는데, '허용'은 '수용'에 비해 다소 관조적 태도의 의미를 가진다. 그러나 이 두 가지 특성 모두 개인을 이기적이지 않게 하고 새로움에 눈뜨게 한다."

작은 것에 너무 신경 쓰면
포용할 수 없게 된다

우리는 종종 실제로는 대단치 않은 일에 대해 신경을 쓰거나 흥분하곤 한다. 그런 일들은 일상생활 내에서 너무나 극명하게 나타나곤 한다. 누군가 자신의 차 앞에 끼어들려고 하면 욕부터 하며 화부터 낸다. 그리고 이런 화낼 일은 하루를 두고 꽤 여러 번 발생한다. 대수롭지 않게 넘어가는 대신, 친구에게 이전 일들을 떠올리며 핏대를 올리고 얘기하는 경우도 있다. 정말 그렇다. 아주 작은 일들은 그런 식으로 우리의 감정을 훑고 지나간다.

사소하면서도 짜증스러운 일들이 얼마든지 있다. 하지만 누군가로부터 비난을 듣거나, 꺼림칙한 일이 있다 해도 사소한 것들에 지나치게 신경 쓰지 않는 법을 배운다면 우리의 삶은 보다 평온하고 고요한 것이 될 수 있다.

생각해 보면, 내게도 그랬던 것 같다. 가족들을 대하면서, 혹은 남편을 대하면서 있었던 유쾌하지 않았던 말다툼 같은 것들은 꽤 많은 경우가 작고 소소한 것들에서 출발한 것들이었다. 그리 대단치 않은 일들 때문에 인생의 신비와 아름다움을 완전히 잃어버리는 일은 없어야 한다는 생각이 든다. 무엇보다 가족 간의 타협과 평화는 가장 우선시되어야 할 선행 과제이다.

사소한 일에서 자유로워지는 것은 쉬운 일은 아니다. 생각처럼 그리 '사소하게 여겨지지 않는 것'이 그 나름의 함정이기도 하다. 하지만 노력하다 보면 좀 더 강해지고 친절하고 유연해진 나를 만나게 될 수 있다. 우린 그렇게 성장한다.

⊕ 가장 크다고 여겨지는 모든 것들이 사소한 것으로부터 출발한 것들이라는 것을 알고 있나요?

⊕ 작은 것에 대한 집착 때문에 큰 고난을 불러오거나 발전을 막게 된 경험이 혹시 있나요?

⊕ 작은 것을 그냥 존재하는 것으로 두고 관조할 의지가 자신에게 있다고 생각하나요?

완벽하려고 하지 마.
아무것도 가질 수 없어

모든 것들에 너무 완벽을 기하려는 사람들이 있다. 작고 세세한 것들까지 완벽을 기하려다 보니 그들은 언제나 우울하다. 완벽주의자이면서 마음이 평화로운 사람은 존재하지 않는다. 완벽에 대한 내적인 욕망과 마음의 평화는 사실, 서로 대립 관계에 있다. 뭔가에 의미부여를 하고 자신만이 세운 방법을 통해 이루려고 하면 부작용은 일어날 수밖에 없다. 그때부터는 질 수밖에 없는 외로운 사투를 벌여야 한다.

적지 않은 사람들이 스스로가 가진 것에 대해 만족하고 감사하는 쪽을 잘 선택하지 않는다. 그보다는 오류와 그것을 해결하는 논점에 많은 시간들을 보낸다. 완벽하려 하다 보니, 잘못되고 부족하다는 생각에 시달리게 된다. 그리고 이런 마음 안의 것들은 자기 스스로만 멍들게 하는 것이 아니라, 다른 사람들도 힘들게 한다. 그가 불안해하거나 억척스럽게 뭔가에 집착하는 모습을 보면 주변 사람들은 따라서 스트레스를 받는다. 그가 힘들어 하는 것은 현재의 자신에게 만족하지 못한다는 증거이다.

불완전한 점에 정신적 이슈를 맞추는 것 자체가 유연하고 합리적이지 못함을 스스로 나타내는 것이다. 이런 상태에서는 목표에 다가가려 해도 잘 이루어지지 않는다. 물론, 자신에게 빈틈이 있다는 것을 알고 그것에 만족한다는 것은 최선을 다하지 않는 것을 의미하진 않는다. 인생의 오류에 지나치게 집착하는 그 자체가 나를 성장하지 못하도록 하는 '문제'라는 사실을 언급하고 싶은 것이다.

솔직히 말해, 아이들을 키우면서 엄마들은 아이들을 다그치곤 한다. 어떤 경우에는 자신이 잘하지 못하는 점들에 우울함을 느끼기도 한다. 하지만 그럴 필요가 없다. 인생이 실수와 오류투성이인 것은 '잘못'이 아니라, '정상'이다. 항상 더 좋은 방법은 있기 마련이다. 하지만 그렇다고 해서 그것이 기존의 어떤 상태를 급작스럽게 바꿔야 하는 이유가 될 수는 없다. 현재의 삶에 감사하거나 그것을 즐기는 과정이 어쩜 인생에 있어서 더 중요한 화두가 되어야 하는 것인지 모른다.

'분명히 어떤 식으로 되어야 한다'는 식의 집착이 생길 때마다 마음 안의 브레이크를 걸어야 할 필요가 있다. 지금의 삶은 충분히 멋지고 아름답다. 그리고 지금 있는 그대로도 여전히 괜찮다. 삶의 모든 부분에서 완벽해진다는 것은 이상이다. 그리고 그 이상은 '현실'이 아니기 때문에 '이상'이라고 부르는 것이다. 삶은 현실 속에서 즐겁고 행복한 것이 될 수 있다.

✤ 완벽하고자 하는 것 때문에 스스로를 힘들게 한 적은 없나요?

✤ 그런 생각들로부터 자유로워지고 싶지는 않나요?

✤ 자신에게 있어 완벽이란 어떤 의미인가요?

받아들이고
감내해야 할 부분들

강의를 나갈 때면 나는 대중에게 내면을 바로 세우도록 말하곤 한다. 우선적으로 제일 먼저 관심을 두어야 할 대상은 바로 '나'라고 생각한다. '나'로부터 시작하지 않는다면, 다른 이들에 대한 그 어떤 실질적 노력들도 '알맹이 없는 쭉정이' 같은 것이 될 수밖에 없다. 이것은 '셀프 코칭'의 본질적인 부분이다.

여기에 더해 그 다음으로 관심을 기울어야 할 사람은 누구일까? 당연히 그 다음 대상은 '가족'이 되어야 할 것이다. 솔직히 말해, 살아가는 동안 가장 많은 사랑을 주는 사람도, 가장 많은 상처를 주는 사람도 '가족'일 수 있다는 생각을 한다. 뭐, 꼭 어떤 대가를 바라고 가족을 위해 희생을 하는 것은 아니지만, 아버지로서나 어머니로서 평생을 참고 '베풀기만' 했다면, 억울한 느낌이 들 수도 있다. 하지만 어쩌겠는가? 말 그대로 나와 함께 사는 사람들은 '가족'이라는 이름을 가진 사람들이니 말이다.

나이를 먹어가면서 느끼는 것은, 조금 불편하더라도 삶에 있어 받아들이고 감내해야 할 부분들이 있다는 사실이었다. 조금 조심스러운 말이긴 하지만 누군가를 만나 부부로서 살아간다는 사실 자체는 상당한 도전을 요구하는 일이다. 누군가의 남편이나 아내가 된다는 사실은 함께하는 즐거움에 더불어 그에 상응하는 책임을 필요로 하기 때문이다.

내게 있어서도 그랬다. 어찌 보면, 가장 많은 기대를 했던 사람도 남편이었고, 상대적으로 제일 많이 위로를 받고 싶었던 대상도 남편이었다. 기대했던 것들이 무위로 돌아갔다고 생각되었을 때 큰 실망감이 들기도 했다. 남편은 꼼꼼하고 자존심이 강한 사람이었다. 학문적인 열정이 있어서 책을 보고 공부하는 일에 익숙했다. 그러다 보니 글도 꽤 잘 썼었다.

남편에게도 정신적 내상内傷이라고 할 수 있는 부분이 있었다. 내 입장에서는 다소 이해하기 어려운 부분들이 있었던 것도 사실이었다. 하지만 어린 시절 남편이 내적으로 상처를 많이 받았다는 것을 알게 되었고, 이후 남편을 마음으로부터 많이 이해하게 되었다.

나중에 개인적으로 심리적인 부분들에 관심을 가지고 공부를 한 것도 남편을 이해하는 면에 있어서 도움이 되었다. 사실, 처음에는 남편에 대해 '왜'라는 단어로만 분석하려고 했었다. '도대체가 왜 저럴까?' 생각하면서 그의 행동에 끊임없이 물음표를 찍기가 일쑤였다. 우선적으로 남편이 나와 다른 인격체라는 것을 인정해야 했는데, 처음엔 그런 부분들이 좀 부족했었던 것 같다. 어떤 면에선, 당시 내가 사업에 몰두하고 있으면서 가족의 경제적 책임을 떠맡았었기 때문에 섬세한 면까지 신경을 쓰지 못한 것도 있었다. 어쨌거나 남편의 필요를 돌보는 일노 '가속'이라는 테두리 내에서의 내 책임인 것은 분명했다.

당시엔 정해진 대로 살아가는 듯한 느낌들이 있었다. 거기에 재정적 문제들을 비롯해 모든 것들이 나의 몫이다 보니, 항상 아프고 짜증이 나 있었다. 집안에 들어가면 모든 일은 내가 해야 했다. 환경은 참 무서운 부분이 있는 것도 같다. 불우했던 남편은 가정사에 더해, 공고를 다니면서 성품의 많은 부분들이 학교에서 영향을 받고 상처를 입은 상태였다. 교사들은 교관처럼 행동했고, 아이들을 아이들로 보지 않았다. 아이의 따귀를 예사로 때리는 모습에 격한 분노를 느꼈고 거기에 더해 자신에게 상처를 준 부모에 대한 그 시절 분노가 내상으로 쌓여 버렸다. 그리고 이후 수십 년이 지난 지금까지 어느 정도는 영향을 주고 있었다.

섬세한 남편에 비해, 다소 대담하고 적극적인 성품이었던 나는 좀 더 지혜로울 필요가 있었다. 남편을 달래고 이해하는 방식으로 이야기를 했어야 했는데, '왜 그러느냐'는 식의 채근만 했다. 이성적이고 에너지가 밖으로 표출되는 나의 성격에 비해 남편은 감성적이고 에너지가 안으로 고여 있는 사람이었다. 일들이 생겨 아이들이 나를 찾을 때면 "애들이 왜 당신만 찾는 거지?"라고 말하며 서운해 하곤 했다. 아이들의 입장에서 보면 너무나 당연한 것이었는데 말이다.

너무 많은 점들이 달랐던 탓인지, 남편은 때때로 '내가 너와 살아서 내 인생이 이렇게 되었다'는 말을 하곤 했다. 참담한 심정이 들었다. 가족을 위해 정신없이 일한 사람은 나인 것 같은데, 이런 소릴 듣는 내가 도대체가 그동안 뭘 하고 지낸 건가 하는 생각에 서글프기도 했다.

엄마이자 아내로서 나는 가정과 삶을 지켜내야 했다. 물론, 이혼을 생각해보지 않았다면 거짓말일 것이다.

　삶은 '자신'과 '남'을 이해해 가는 과정이다. 이것은 누군가를 이끌어야 하는 리더에게 있어서도 마찬가지이다. '이해'를 위해서는 의당 노력이 필요하다. 힘들면 걷어치우고 엎어버리는 식이 되어서는 안 된다.

　삶의 소중함 안에서, 힘겹지만 받아들이고 감내해야 하는 얼마의 것들을 떠올리곤 한다. 때론 그런 사실들이 나 자신을 외롭게 하고 눈물 나게 하기도 하지만 이런 삶의 과정은 분명 더 '원숙한 삶의 질'을 만들어 낸다고 나는 믿고 있다. 가치 있는 생활의 길을 열어가는 사람들에게 '각고의 시련'은 분명 의미 있는 결과들을 만들어 낸다. 나에게 그러하였듯이 말이다.

강점 코칭을 위한 질문

✤ 삶 속에서 갖가지 얼굴들로 우리들을 괴롭히는 요인들은 어떤 것들인가요?
✤ 괴롭다는 생각으로부터 자유로워질 수 있을까요?
✤ 때론 닥쳐오는 고난의 것들을 포용하고 수용할 필요도 있을까요?

타고난 재능에 더하여
강점코칭으로
삶을
디자인하라

허용하라,
그럼 열릴 것이다

삶은 노력과 계획에 의해 만들어진다. 하지만 그렇다고 삶의 모든 장면들이 인위적인 것에 의해 생성되지는 않는다. 오히려 삶은 우발적이고 변칙적인 것에 의해서 많은 부분들이 이루어진다. 그러니, 삶을 억지로 만들어 내면서 살려고 할 필요가 없다. 삶에는 발버둥 쳐서 되는 일이 있는가 하면 그 반대의 것들도 있다. 그다지 소용없는 일에 발버둥 치는 일은 자신을 제한하고 구속하는 것이 된다.

삶에 있어 '허용'이라는 말처럼 중요한 것도 없다. 내가 원하는 무언가가 나를 떠나려고 하면 가게 놓아 줄 필요도 있다. 그 빈자리를 다른 것이 채우게 된다. 하루를 살다 보면 눈물이 나는 상황들에 직면하기도 한다. 만약, 눈물이 난다면 그걸 억지로 참을 필요가 없다. 때론, 자제가 중요한 미덕이 될 수 있지만, 눈물을 그대로 허용하고 나면 내적인 정화가 이루어진다는 것을 알게 될 것이다. 더 나올 눈물이 없다면 나중에 멈추기도 할 것이다.

아픔이 밀려오면 그 자체를 허용할 필요도 있다. 어차피 피할 수 없는 것이라면 의연하게 받아들이는 것이 인생의 발전을 위해서 좋다. 설마하니, 아픔이 생명까지 앗아갈 정도는 아닐 것이다. 자신의 잘못된 신세를 비관할 필요도 없다. 그것은 부자연스러운 일이다. 시기와 우연은 모든 사람들에게 엄습한다. 아픔도 마찬가지이다. 아픔이 기왕의 자신의 것이 되어야 한다면 부자연스러움으로 그걸 가리는 것보다는 덤덤하게 받아들이는 편이 낫다. 다른 사람이 나를 어찌 생각할까를 염려한다면 행동은 부자연스러워질 수밖에 없다. 그 모든 시각적 관념에서 벗어나야 한다.

고통이 더 심하게 옥죄어 오는 이유는 부자연스럽게 뭔가를 참으려 하고, 아픔을 피하기 위해서 요리조리 꽁무니를 빼기 때문이다. 하는 일이 잘 되지 않는다고 자기연민에 푹 절어 산다면 그 어떤 일도 헤쳐 나갈 수 없게 된다. 가진 것이 남보다 못하다고 해서 스스로를 탓할 필요도 없다. 누구에게나 상대성은 있기 마련이다. 고통을 가중시키는 것은 다른 사람과의 비교에서 비롯되는 '비참함'이다. 자신을 그런 것들에 눌려 있도록 허용할 이유는 없다.

불만은 모두 그러한 비교에서 시작된다. 감자국 대신 고깃국을 먹으려고 거친 숨을 몰아쉬고, 버스를 타면 다리 아프다고 택시 타고 싶어 하는 식의 반복된 내적 움직임은 언제나 일어난다. 그리고 그런 삶의 불만은 인생을 불행한 것이 되게 한다. '만족'이야말로 마음을 풍요롭게 하고 안정적인 것이 되게 한다. 그리고 그런 상태에서야 비로소 더 많은 발전을 위한 창조적 안락함에 이를 수 있다. '필요'를 느끼지만 감정적 참담함에 빠지지 않는 것이 중요하다. 이것이 바로 '허용'인 것이다.

마음의 평온함은 인생을 더 살 만한 것이 되게 한다. 그런 상태에서라야 우리가 삶을 살아가는 궁극의 목적, 바로 '행복'이 가능하다.

강점 코칭을 위한 질문

✤ 선악의 개념과는 상관없이 스스로가 수용하거나 포용할 수 없다고 느끼는 것은 어떤 것들인가요?

✤ 당신은 포용적인 사람인가요?

타고난 재능에 더하여
강점코칭으로
삶을
디자인하라

겸손함

> "이 강점은 허용이나 친절 등의 나머지 특성을 마음 깊은 곳에서 우러나와 가능하게 하는 훌륭한 특성이다. 자신에 대해 합리적 존재감을 갖는 것은 지나칠 정도의 이기적 행동을 하지 않도록 하게 하는 중요한 단초가 된다."

자신을 드러내려는
의도적 몸짓은 삼가라

많은 사람들이 내적인 평화를 원한다. 그와 동시에 다른 사람에게 널리 어필되는 자기 자신을 원하기도 한다. 사실, 이 두 가지를 동시에 가지는 것은 매우 어렵다. 물론 불가능한 것은 아니다. 쉽지 않음을 이야기하는 것뿐이다. 예를 들어 연예인들의 삶은 다른 이들에게 널리 알려지는 화려한 삶처럼 보인다. 하지만 그만큼 다른 사람들의 견제와 불필요한 관심에 직면해야 한다. 평온할래야 평온할 수가 없는 것이다.

내적인 평화를 위해 필요한 것이 바로 겸손이다. 겸손과 내적 평화는 언제나 함께 존재한다. 타인에게 자신의 능력과 정당성을 증명하려는 욕망이 적다면 그 사람의 삶은 비교적 온화하고 조용할 것이다. 자신의 가치가 다른 사람에게 어떤 형태로든 드러났으면 하는 생각은 일종의 욕심이며 함정이다. 자신이 성취한 것들과 능력 있는 사람으로서의 가치를 타인에게 알리기 위해 애쓰다 보면 마음 안에 피로감이 생기게 된다.

또한, 자기 자랑은 실제 성취를 통해 얻은 긍정적인 감정과 자존감을 내려가게 만든다. 다른 사람들에게 본인의 존재가치를 인식시키기 위해 애쓰는 자신을 돌아보면서 일종의 구차함과 괴리를 느끼는 것이다. 자신의 능력을 증명하려고 애를 쓰면 쓸수록 다른 사람은 더욱 그 상황을 피하고 싶어지게 된다. 왜냐하면 대단한 사람 앞에서 자기 자신이 작아지는 듯한 느낌을 경험하고 싶지 않기 때문이다. 불필요한 제스처로 시기심이나 질투의 대상이 되어야 할 이유는 더더욱 없다.

다른 사람들의 동의를 얻기 위해 애쓰지 않는다면 타인의 승인을 얻기는 그만큼 더 수월해진다. 자신이 옳다는 것을 증명해 보일 필요가 없는 사람이 진정한 가치가 있는 것으로 여겨지는 것은 어쩌면 당연한 이치일 것이다. 타인의 가치를 깎지 않아도 스스로 빛이 나는 사람이야말로 이 시대에 필요한 사람이 아니겠는가? 조용한 내적 확신을 가진 사람이야말로 내적인 성숙과 강함을 소유한 사람이라고 할 수 있을 것이다.

군이 자랑할 필요가 없는 사람이라면, 그리고 그 사람이 마음으로부터의 따뜻함을 가지고 있다면, 그는 필시 많은 사람에게 사랑받는 사람일 것이다. 겸손을 직접 실천하는 순간 내면의 고요와 안정은 자신의 것이 된다. 자신을 자랑할 기회가 생기더라도 그 유혹을 과감히 뿌리쳐 볼 수 있을 것이다. 실제 내면의 깊은 가치를 가진 사람은 자신을 드러내지 않더라도 다른 사람에게 무언의 이미지와 기품을 전달할 수 있다.

인생에 있어 자신을 견제하고 시기하는 사람이 있다는 것만큼 피곤한 일도 없을 것이다. 그는 이 세상에 태어나 아무런 이유도 없이 나의 적이 되곤 한다. 단지 비슷한 곳에 서 있다는 이유 때문에 말이다. 경쟁자를 만들지 않는 방법은 자신의 위치에서 묵묵히 일하면서 스스로를 드러내기 위해 노력하지 않는 것이다. 그런 사람은 설혹 경쟁자가 나타난다 하더라도 그에게 존경을 받게 된다.

'가치'는 어떤 형태로든 외부로 뿜어져 나오는 '에너지'를 가지고 있다. 군이 드러내려고 노력하지 않는다 하더라도 말이다. 스스로를 바로 세우려는 사람에게 구차한 외부로의 '광고'는 그리 많이 필요한 부분이 아니다.

강점 코칭을 위한 질문

✦ 가끔은 스스로를 드러내고 다른 사람 앞에 나서고 싶은 생각이 들진 않

나요?

✦ 자신의 본질적 가치를 알아주는 것은 일부러 드러내지 않더라도 드러날
수 있다고 생각하나요?

✦ 적극적 어필과 자랑은 언제나 필요한 것일까요? 혹은 그것들은 무해한 것
일까요?

행복을 위해
두리번거리지 마

대부분의 사람들이 행복을 뒤에 이룩하는 그 무언가라고 생각한다. 끝없이 뒤로 뒤로 연기한다. 매순간, '언젠가는' 행복해지겠지 라고 생각하며 힘겹게 하루하루를 보낸다. 아이들이 지겹게 공부하는 이유, 통장에 돈을 차곡차곡 모으는 이유… 이 모든 것들이 '미래의 어느 순간 만들어질 행복' 때문이다. 물론, 이런 식의 노력은 나름의 가치를 가지고 있다. 인생 중 이러한 노력이 분명 필요하다고 생각하고 있기도 하다.

하지만 지불해야 할 청구서나 좋은 직장으로의 취직… 정말 이런 것들로 행복해질 수 있을까? 무작정 결혼을 하고, 아이를 갖고, 목표를 이루고 나면 행복해지는 것일까? 실제로는 그렇지가 않다. 결혼하고 아이를 낳고 보면 어느새 어린 자녀에 대해 걱정하는 엄마가 되어 있다. 아이들이 좀 더 자란 후에는 사춘기 아이들 비위 맞추기에 바쁘다. 그리고 아이들이 더 나이를 먹으면 결혼시켜야 한다는 염려부터 한다. 언제 행복하냐고? '행복'을 자꾸 미루면 사람은 결코 행복해질 수 없다.

타고난 재능에 더하여
강점코칭으로
삶을
디자인하라

특정 시기를 벗어나게 되면 틀림없이 행복해질 거라 생각하는 것 자체가 문제가 있는 것이다. 좋은 차를 사고, 외국으로 휴가를 떠나고, 느긋한 은퇴를 하면 행복해질까? 천만의 말씀이다. 이런 식으로는 행복의 기대만 끝없이 이어질 뿐 '실질적'인 행복의 알맹이는 존재하지 않게 된다.

인생은 덧없이 계속 지나간다. 행복을 내 것으로 만드는 가장 좋은 시점은 언제일까? 당연히 그 시간은 '지금'이 되어야 한다. 삶에는 무수히 많은 고난과 도전이 도처에 도사리고 있다. 어떠한 상황이 오더라도 그것을 받아들이고 그 어떤 관계 속에서도 '행복'해질 수 있다는 믿음을 갖는 것이 중요하다. 이것이 바로 행복한 삶을 살기 위한 최선의 힌트이다.

정말 다행스러운 일이지만, 행복에는 커트라인이 없다. 특정 수준에 도달하면 행복하고 그렇지 않으면 불행해진다는 식의 논리는 존재하지 않는다. 많은 사람들이 자신의 삶에 대해 불만을 느끼고 행복을 느끼지 못하는 것은 행복에 자격요건이 있다고 생각하기 때문이다. 그런 사람들은 불행에 젖어 살아갈 수밖에 없다.

행복하고 싶다면 특정 수준에 도달해야만 행복해질 수 있다는 식의 정형성을 버리면 된다. 기존의 생활방식에 찌들어 이미 그런 틀을 맘속에 심어 놓았다면 과감히 그러한 것들을 걷어낼 수 있어야 한다. 행복의 정형성을 정해 놓는 것은 자신이 행복할 기회들을 내치는 일이 될 것이다.

나의 경우, 남부럽지 않게 돈을 벌었던 때도 있었다. 화려한 신혼의 시절도 있었고, 아이들을 출산하면서 감격했던 적도 있었다. 그 모든 것들이 행복의 순간이었다. 하지만 어떤 상황이나 결론이 나를 행복하게 해 준 것은 아니었다는 생각을 한다. 오히려 나를 행복하게 한 것은 현실에 대한 열린 시각과 만족, 그리고 통찰 같은 것들이었다.

행복에 온통 젖어 있는 동안에는 실제로 행복했다는 생각은 잘 들지 않았다. 하지만 지나고 보니 정말 그리운 시절이었고 행복 속에서 살았다는 사실을 깨닫게 되는 순간이 있었다. 결국 행복은 내면의 일이다. 그러니, 행복을 찾으려고 사방을 두리번거릴 필요가 없다. 행복을 기대하면서 그것을 뒤로 미뤄야 할 이유도 없다. 우리는 그냥 '현재' 행복할 수 있는 방법을 배우면 된다. 이전의 경험들은 행복에 이르는 길이 따로 있지 않다는 사실을 깨닫게 해주었다. 행복은 우리가 지금 현재 누리고 있는 삶 그 자체인 것이다.

강점 코칭을 위한 질문

✧ 자신의 한계를 인정하는 것과 행복은 어떤 관련이 있다고 생각하나요?
✧ 한계의 인정은 내면의 겸손과 어떤 관련이 있을까요?
✧ 나는 행복을 위해 스스로를 낮출 수 있나요?

타고난 재능에 더하여
강점코칭으로
삶을
디자인하라

피고름을 게워내는
자신만의 방법이 필요하다

　　　　　　　　　　밤거리, 한 여성이 얼굴을 땅으로 향한 채 전봇대 옆에 쪼그리고 앉아 큰 소리로 서러운 듯 울고 있다. 그리고 친구로 보이는 다른 여성이 울고 있는 그녀의 등을 두드리면서 "괜찮아. 괜찮아."를 연발하고 있다. 아마도 알 수 없는 어떤 이유로인가, 이전 시간 둘은 근처 술집에서 익숙하지도 않은 술잔을 기울인 것 같았다. 필시 그날 많은 중압감에 시달렸을 그녀가 전봇대 옆에서 자신이 먹은 것을 확인하는 동안, 친구는 등을 두들기며 내면의 것을 게워내는 그 친구를 도와주고 있었던 것이었다. 잠시 후, 통곡하던 여성은 정신이 맑아졌는지 입술을 훔치면서 일어나 옷매무새를 가다듬는다.

　　살면서 우리는 가슴을 미어지게 하는 '처절함'을 경험하곤 한다. 그리고 가벼운 스트레스 해소로는 그것이 잘 해결이 되지 않을 때도 있다. 이미 목구멍으로 넘어가 버려 나의 일부가 된 슬픔이나 내적인 압력은 견디기가 쉽지 않다. 그냥 입술을 깨물고 버텨내는 것만이 자신이 할 수 있는 전부라면 그것만큼 고통스러운 일도 없을 것이다.

　　조금 부자연스러울지 몰라도, 내면에 쌓인 그런 피고름을 몸 밖으로 게워내는 즉, 토해 내는 자신만의 방법이 있다면 좋다. 무던히도 자신의 말을 잘 들어 주는 아주 가까운 친구가 있다면 그 친구 앞에서 목 놓아 우는 것도 하나의 방법이 될 수 있다. 어찌 되었건, 내면에 응축된 찌꺼기들은 하루 속히 걷어내는 것이 좋다. 왜냐하면, 그런 것들은 가만히 자리하고 있는 것이 아니라, 자신의 영혼의 에너지를 고갈시키는 원인이 되기 때문이다.

내 경우엔, 단지 내면에 쌓인 것들을 밀어내기만 하는 것이 아니라 자아와 소통하면서 스스로를 가다듬는 나름의 방법이 있다. 일종의 '수련'이라고나 할까? 국내 소리 장인들의 가락 중 '남도 판소리'를 배워 그것을 통해 나 자신만의 에너지를 정돈하는 방법으로 활용하고 있다. 마음이 어지러울 때, 내면의 흐름을 입을 통해서 나오는 가락으로 바꾸어 정신을 집중하다 보면, 어느새 맑아진 자신을 발견하게 된다.

한국인에게는 한국인만이 가진 고유의 정서가 있는 것 같다. '우리 소리'가 가지는 구성짐과 정통성은 세대를 아우를 수 있는 나름의 큰 장점이 있다. 효와 충직, 사랑, 이별 등 삶의 면면들을 살필 수 있는 에너지의 흐름은 내면의 흥을 돋아 내기도 하고 정갈한 것으로 정화시키기도 한다. 한때 극심한 스트레스로 인해 마음을 가눌 수 없었던 나는, 이 '판소리'를 통한 내면의 '수도(닦음)'로 생활의 활력을 찾을 수 있었다.

가끔은 강의 시작 전이나 강의 중에 분위기 전환용으로 나의 재능을 뽐내기도 한다. 아직도 부족함이 많이 있긴 하지만 그래도 이쪽에서는 '중급' 이상의 소리를 만들어 낸다는 평을 받고 있다. '단독 공연'을 통해 관객을 만난 적이 있을 만큼 꽤 괜찮은 느낌을 사람들에게 전달한다. 조금 우스운 얘기이긴 한데, 어떤 분들은 나의 강의가 끝나고 나면 '너무 잘 들었다'는 평과 함께, "그런데, 선생님의 '소리'가 강의보다 더 좋더라구요."라고 말하며 분위기를 띄우기도 한다.

어찌 되었건, 내면의 것들을 정화시키고 응축된 고통의 알갱이들을 몸 밖으로 내보내기 위해서는 자신만이 발휘할 수 있는 특유의 기지와 방법이 필요하다. 누구에게나 시련은 있다. 말로 형언할 수 없을 정도의 압박감이 나를 짓누르기도 한다. 또 어떤 경우에는, 각각의 것들이 그 자체로선 그리 큰 문제들이 아닌데 계속 누적되면서 심각한 문제들을 만들어 내기도 한다. 정신을 홀랑 빼앗길 수 있는 취미나 정신을 맑게 할 수 있는 암시를 스스로의 정신에 줄 수도 있다. 그도 저도 잘 안 된다면 뒷동산에라도 올라가 고함이라도 치고 소리 내어 울기라도 해야 한다.

내면의 피고름은 우리가 어려운 삶의 과정을 그런대로 잘 버텨 내고 있다는 증거이다. 상황들을 이상하게 생각하지 말고, 관조적 입장에서 내면을 어둡게 하는 부유물들을 토해내는 과정이 필요하다. 누구에게나 말이다. 피고름이 걷어 내지면, 조금 시간이 걸릴지라도 상처는 아물고 튼실한 새 살이 그 자리를 메운다. 우리는 그렇게 단단해져 간다.

강점 코칭을 위한 질문

✦ 어려움을 극복하기 위해 겸손이 필요한 이유는 무엇일까요?

✦ 나는 고난을 받아들이고 극복하는 노력을 기꺼이 할 만큼 겸손한 사람인가요?

용감한 포기는 겸손함의 표시

많은 자기계발서들의 메시지는 '시

도하고 절대로 포기하지 마라'로 압축될 수 있다. 부를 이루는 면에 있어서도, 또는 자신의 약점을 극복하는 면에 있어서도 '포기하지 않는' 끈덕짐은 분명히 필요하다. 하지만 '언제나' 포기하지 않는 모든 것들은 이루어질 수 있는 것일까?

한편으로 많은 사람들이 자기계발서들을 읽으면 '속았다'는 느낌을 갖는 이유가 바로 거기에 있다. 어슴프레 뭔가를 이룰 수도 있겠지만, 얻은 것에 비해 치러야 했던 대가가 너무나 큰 경우가 있다. 또는 그렇게나 노력을 했는데도 끝내 결실을 보지 못하는 경우도 있다. 단지 희망을 고무하고 스스로를 독려하는 차원의 이야기가 아니라, 기형적이라고 생각될 정도의 집념 어린 태도는 한편으로 위대하게 느껴질지는 몰라도 사회를 또 다른 한 면으로 병들게 하는 이유가 되기도 한다.

체질적으로 발레를 할 수 없는 사람이 단지 아름다워 보인다는 이유로 발레를 시도하고 특정 대회에서 입선 정도의 결실을 볼 수도 있다. 하지만 알고 보니 그는 관절에 무리가 가는 운동을 해서는 안 되는 특이체질이었던 것이다. 사람에게는 각자가 추구할 수 있는 나름의 분야와 탤런트가 있다. 무엇이 필요할까? 끝없는 도전을 하는 인간의 습성을 그저 대단하다 박수만 쳐줄 일일까?

사실, 끈덕진 노력 이상으로 위대한 것이 바로 '용감한 포기'라고 나는 생각한다. 용감하게 포기할 줄 아는 사람은 경솔한 포기도 하지 않는다. 사람들이 포기하지 않는 이유는 내면의 꾸준함이나 선한 특성들 때문인 경우도 있지만, 일종의 '보상심리'에 기인한 경우도 대단히 많다. 포기하지 않기 때문에 가족이 감내하거나 사랑하는 사람이 치러야 할 희생을 강요하게 되는 경우도 있다. 일단 포기하겠다는 판단이 서면 재빨리 포기하고 다른 길을 찾아 나서야 한다.

'용감한 포기'가 위대한 이유는 '이제까지 내가 어떻게 여기까지 왔는데!'라는 식의 보상심리를 극복하는 것은 정말 힘든 문제이기 때문이다. 사실, 끈덕짐을 발휘하는 것보다 더 힘든 것이 바로 '포기'이다. 포기하게 될 때 나를 바라보는 외부의 시선, 자신에게 돌아올 불명예, 가족들의 눈초리, 폐인이 된 것 같은 자격지심 등등 이 모든 것을 감내해야 하는 것이다.

당연히 포기는 최후의 수단이어야 한다. 다른 모든 값을 치르고서도 달리 방법이 없다고 판단되거나 치러야 할 희생이 많다는 것이 이미 드러났다면 깨끗하게 포기할 수 있어야 한다. 삶을 처절하게 하는 것은 포기가 아니라 계속적인 진행 이후에 있게 되는 엎어짐과 몰락이다. 진정한 자아를 가진 사람이라면 자존심을 버릴 수도 있어야 한다. 포기로 인해 자아가 뭉개지는 것은 아니다.

쉽게 결정하고 쉽게 포기하기보다는 처음부터 확고하게 결정하고 일단 결정한 일에 대해 최선을 다해야 할 것이다. 하지만 토역질이 나올 만큼 힘든 일이나 불가능한 일들에 끝없이 매달리는 것은 '지나친 이상주의'라고 할 수 있는 것들이다.

물론, '한 번만 더'라는 유혹은 언제나 존재한다. 그리고 결론이 이제 막 잡힐 것 같은 착각이 들기 시작하면 그 유혹은 더 치명적으로 느껴질 수 있다. 판단의 가이드라인은 서로 다를 수 있겠지만, 내가 생각하는 가이드라인은 바로 이것이다. 자신에게 소중하다고 생각되는 것을 이미 잃었거나 잃을 위험이 다분하다면 그 일은 부분적 성취감 외에 또 다른 패배감을 줄 수 있다는 것이다. 인생의 마지막에 서서 사무치고 애끓는 후회로 가슴을 치지 않으려면 우리의 삶을 정돈할 필요가 있겠다. 물론 결정은 각자의 몫이겠지만 말이다.

강점 코칭을 위한 질문

✦ 혹시 자존심이 나를 끝도 없이 무언가에 집착하게 하고 있지는 않나요?

✦ 때때로 포기가 필요한 이유가 뭘까요?

✦ 포기하는 것과 겸손은 어떤 관련이 있을까요?

내면 자아

"사람은 외적으로 드러난 자신의 모습이 내면적인 것들에 기인했음을 알고 있다. 외적으로 보이는 존재감은 내면 자아와 상이할 수도 혹은 비슷할 수도 있다. 인간은 스스로가 가진 내면 자아에 대한 인식으로 스스로를 찾아가고 존재로서의 괴리감을 줄여간다. '삶의 본질'이 넓은 의미에서 인륜적 차원의 고민이라면, '내면 자아'는 보다 개인적이고 사적인 자신만의 내면세계에 대한 고민이다."

모든 삶의 시작점에
나를 '아는 것'이 존재한다

　　　　　　　　　　우리 모두는 외부의 자극에 따라 움직이곤 한다. 실제로 우리의 행동들을 살펴보면 많은 것들이 '필요'에 의해 움직인다는 것을 알게 된다. '필요'는 많은 부분들이 외적으로 존재하는 상대적 결핍에 의해 생긴다. 어디 그뿐이겠는가? 외부적 자극과 그로 인한 상대적 결핍은 우리가 스스로를 '불행하다'고 여기게 하는 주된 이유이다.

하지만 잠시 멈추어 나를 들여다보면, 우리가 느끼는 결핍은 '실제' 존재하는 것이 아니라는 것을 느끼게 되기도 한다. 나 자신의 진정한 모습을 '알게' 되면 우리는 섣불리 우리 자신의 처지에 대해 비관하지 않을 수 있게 된다. 그리고 모든 것들의 시작점에는 외적인 것을 검토하는 것 이전에 나의 내면이 존재한다.

단순한 충동과 자극이 나를 움직이게 하는 것인지 아니면, 내가 진정으로 뭔가를 원하고 있는 것인지를 검토하는 것이 중요하다. 우리 자신이 어디로부터 왔으며 어디로 가고 있는지를 생각할 수 있다는 것은 의미 깊은 일이라고 할 수 있다. 물론, 답을 얻기는 어려울지 모른다. 우리 모두는 '나' 자신의 존재성에 대해 적지 않은 생각을 할지 모르지만, 여전히 그 답을 찾고 있는 경우가 많기 때문이다.

하지만 나 자신을 검토하는 것만으로도 주변 사물을 보는 우리의 시선은 많이 달라진다. 그런 검토로 인해 나 자신이 '이미' 행복하다는 것을 알게 될 수 있고, 삶의 무게를 많은 부분 비워낼 수 있게 된다.

삶의 모든 부분의 시작점에는 '나'에 대한 통찰이 존재한다. 기쁨, 슬픔, 고통 그 모든 감정의 덩어리들을 마주하면서 우린 스스로의 존재를 느끼며 살아간다. 다만, 나를 검토하는 '의도적' 노력을 기울이지 않는다면 우린 스치듯 느껴지는 그 '느낌'의 교훈을 빠뜨릴 수밖에 없다. 발전하기 위해, 더 도약하기 위해 우리는 나 자신을 '알아가는' 삶의

타고난 재능에 더하여
강점코칭으로
삶을
디자인하라

숭요한 진지함의 역사를 받아들일 필요가 있다. 모든 것들이 '나'를 위한 과정들이다.

강점 코칭을 위한 질문

✦ 당신에게 있어서 '나'를 안다는 것은 어떤 의미가 있나요?

✦ 알든 모르든, 모든 선택과 결정의 배후에 '나'의 보이지 않는 내면이 존재한다는 것을 알고 있나요?

✦ 자신의 무의식의 방향성을 당신은 살필 수 있나요?

자아를 찾는 과정으로의 여행

많은 사람들이 내면의 자아를 찾기 위해 노력을 기울인다. 어떤 사람들은 불교나 선禪에서 이야기하는 '참나'나 '진아(眞我)'라는 것을 찾는 것을 인생의 가장 큰 목표로 삼고 있기도 한다. 하지만 내가 이야기하는 '내면 자아'는 발견하기 힘든 그런 유의 것이 아니다.

'내면 자아'는 우리의 행동 여하에 따라 괴로움이나 괴리감을 느끼는 지극히 개인적이고 사적인 자아를 말하는 것이다. 사람들로부터 통념적으로 선이나 악이냐를 두고 이야기할 수 있는 것들과는 별개로 우리 개인에게는 개인만이 가지고 있는 양심, 그리고 욕구 등으로 대표될 수 있는 '자아성'이 있다.

인간은 자신의 자아가 가진 그런 '의식적 방향성'에 상이하거나 대립각을 이루는 행동을 스스로가 하고 나면 내적으로 괴로움을 느낀다. 예를 들어, 스스로 달가워하지 않는 사람에게 '금전적 이해관계' 때문에 어쩔 수 없이 얼굴로나 행동으로 가식적 친근함을 표현하고 나면 '내적 자아'는 그것을 얼마의 '괴리감'으로 표출한다. '내면 자아'는 그런 방법으로 '외적 자아'에게 시그널을 보내 계속적으로 자신의 신념이나 가치관 혹은 욕구가 무엇인지를 자꾸만 되뇌게 한다.

하지만 타성에 젖은 생활양식이나 바쁜 하루 일과, 외적임 힘에 의해 이끌리는 듯한 삶이 정신없이 이어지고 나면, 이런 시그널 체계의 '주고받음'은 제대로 작동되지 않으면서 메마른 삶이 이어지게 된다. 자신이 '정말로 원하는 이상향'이 무엇인지를 검토하는 '내적 자아'를 발견하기 위한 노력은 개인적인 정신의 건강이나 신체적 건강을 위해 매우 필요한 부분이라는 생각이 든다.

내적 자아와 자신의 현재 삶이 어긋날 경우, 사람은 우울함을 느끼며 스스로에 대해 무가치하다는 생각을 자주 하게 될 수 있다. 때론 외적인 생활의 분주함에 찌들어 자신의 정신에 존재하는 이상 기류의 근본적인 원인을 잘 모를 때도 있다. 이 순간이 바로 '자아를 찾는 과정으로의 여행'이 필요한 순간이다.

어떤 이들은 그런 노력의 일환으로 실제 '여행'을 떠나기도 한다. 세파에 찌든 자신의 모습에서 탈출하여 스스로를 검토할 수 있는 일종의 휴식년(休息年)을 일부러 설정하는 것이다. 하지만 꼭 그러지 않는다 하더라도 우리의 매일의 생활에서 그 '내적 자아'를 평온하게 하거나 '쉬게' 해 줄 수 있다.

스스로에게 격려를 북돋거나, 하루 중 자신만을 온전히 검토하는 조용한 시간을 따로 설정해서 '영혼의 안식'을 꾀하는 것이다. '내적 자아'가 뚜렷한 사람은 쉽게 우울해 하거나 자존감의 상실로 흔들리지 않는다. 내면 자아의 중요성을 아는 사람은 쉽게 자존심 상해 하지도 않는다. 왜냐하면 외적인 상황 변화가 자신의 참된 가치에 영향을 주지 않는다는 것을 알기 때문이다.

'내면 자아'의 강점을 아는 사람은 삶을 대하는 방식에 있어 원숙하며, 쉽게 피로감을 느끼지도 않는다. 때문에, 목적에 맞는 스피디한 행동은 아닐지라도 자신의 삶이 방향성에 있어 힘들이지 않고 꾸준함과 평온함을 느낀다.

살아 있음으로 살아지는 것이 아니라, 능동적으로 살아가기 때문에 비로소 삶이 되는 인생을 누구나 원하지 않겠는가?

강점 코칭을 위한 질문

✿ 내적 괴리감이 자신을 감쌀 때 당신은 어떻게 하나요?

✿ 내면의 자아의 소리에 귀를 기울이기 위해 노력을 기울여 본 적이 있나요?

✿ 자신의 진정한 가치 기준을 어디에 두나요?

제2부

대인관계
지향성

대인관계성

"다른 사람들의 동기와 감정에 대해 올바르고 합리적인 생각으로 반응할 수 있다는 것은 더불어 살아가는 세계에 있어 축복이라고 할 수 있는 강점이다. 이 강점을 통해 우리는 각기 다른 여러 상황에서 적절하게 무엇을 해야 할지를 결정하고 다른 사람의 마음을 편안하게 한다."

우리에게 인맥이란?

가끔 SNS 친구의 숫자가 수천 명에서 수만 명에 이르는 사람들을 만나곤 한다. 솔직히 말해 나는 그런 사람들에 비해 온라인의 인프라가 그리 넓은 사람이라고는 할 수 없다. 하지만 그렇게나 자신들의 인프라를 하나의 자랑거리로 여기는 사

타고난 재능에 더하여
강점코칭으로
삶을
디자인하라

람들이 자신의 인프라를 제대로 활용이나 하고 있을까 하는 것에 의구심을 가지지 않을 수 없다.

사실, SNS 문화가 주변 세상을 많이 바꾼 것이 사실이다. 예전에는 꿈도 꾸지 못했던 가수나 국회의원들에게 직접적으로 자신의 의견을 피력하기가 가능해졌다는 것만으로도 우리 사회는 예전과는 정말 다른 곳이 되었다고 할 수 있다. 불과 20여 년 전, 지하철 안에서 신문을 파는 사람이 있었다는 걸 기억하는 사람이 몇이나 되겠는가? 출근길이면 뉴스를 보기 위해 스마트폰을 뚫어져라 보게 될 거라고 그 시절 누가 상상이나 했겠는가?

페이스북이나 트위터가 다양한 사람들에게 보다 쉽게 접근할 수 있는 가교 역할을 했다는 데는 모두가 이견이 없을 것이다. 나 역시 부분적으로는 그런 것들의 유저이기도 하니, '인맥'이라는 문화에 '소셜'이라는 도구가 지대한 능률성을 부여했다고 여기고 있다. 그러나 한편으로, 그런 것들이 '능률성'을 부여한 것은 맞지만, 정말 온라인 친구로 연결되어 있는 사람들이 실제 '인맥'이라고 할 수 있는지에 대해서는 솔직히 '물음표'를 찍을 수밖에 없다는 생각을 한다.

누구를 알고 있느냐가 그리 중요한 것일까? 실제 중요한 것은 '누가 나를 알고 있다고 생각하고 있는지'가 아닐까? 내가 중요하다고 생각하는 사람들도 나를 진정 중요한 사람으로 생각하고 있을까? 상호 간의 교감이 없는 인프라가 진정으로 '인맥'이라고 불릴 수 있는 수준의 가치를 가지고 있다고 할 수 있을지에 대해서는 많은 생각을 해봐야 할 것 같다. 거기에 더해, 우린 평생을 살면서 고작해야 SNS 친구들 중 극히 일부만을 '실제' 만나고 있다. 자신의 생활에 '실제' 영향을 끼칠 수 있는 사람이 '제한적'이라는 측면에서 보았을 때, 지금의 SNS는 전부는 아니래도 상당 부분, '자랑 놀이'나 '과장 놀이'의 거품적 특성을 가지고 있는 것 같다.

그렇다면, 어떤 것을 '인맥人脈'이라고 할 수 있을까? 사실, 형제간이나 부모간의 관계도 하나의 '인맥'이라고 할 수 있다. 인맥은 관계성이 별로 없는, 멀리 있는 사람을 의미하지 않는다. 돈이 많은 사람이나 내게 잘해주는 사람이 '인맥'을 의미하는 것도 아니다. 잘 해주든 못 해주든 인맥이라면, 거미줄 같은 네트워크 속에 '관계성'을 가지고 있는 사람이어야 한다. '인맥의 관리'란 그런 관계성을 전제로 일어날 수밖에 없다. 실제 본 적도, 만난 적도, 뭔가를 주고받은 적도 없는 사람에게 한 줄의 댓글을 달았다고 그가 나의 '인맥'이라고 할 수는 없는 노릇 아니겠는가?

실질적으로 나는 '인맥'이 세 가지 요소에 의해서 만들어진다고 생각한다. 그것은 신뢰信賴와 자신의 능력能力, 그리고 진실성眞實性이다. 이 세 가지가 전제될 수 없다면 진정한 의미의 인맥은 구축할 수 없다고 생각하고 있다. 그러므로 누군가를 대하면서 이 세 가지를 떠올릴 수 없다면, 그것은 인맥이라고 하기보다는 '허울 좋은 껍데기'이거나, 아직 '인맥이 되기 위한 과정' 안에 있는 사람이라고 생각해야 정확하다.

수십년 동안 알고 지낸 어떤 사람이라 할지라도 그 사람이 나의 '인맥'인지는 속단하기 어렵다. 우린 때때로 우리 주변 사람들을 자신의 의견과는 상관없이 만나게 되기도 하기 때문이다. 적절한 시기에 그들이 나의 능력을 봐야 하고 신뢰성을 느낄 수 있어야 한다. 그렇지 않으면 인맥으로서 성공할 수가 없다. 무역 일과 관련하여, 내가 소속되었던 이전 회사에서 나의 역량을 보아오던 사람들이 결국 독자적 사업체를 차린 이후 나의 주요 오더 고객이 되었다. 이유? 당연히 그들이 이전 시절 나의 일하는 모습을 통해 신뢰와 능력 및 진실성을 볼 수 있었기 때문이다. 내 자랑을 하자는 게 아니다. 그런 과정들이 '인맥 형성 과정'의 기본이라는 점을 말하고 싶은 것이다.

'인맥'이 인생에 있어 중요한 역할을 할 수 있다는 것은 두말할 여지가 없다. 말 그대로 우리는 '관계' 속에서 살고 있는 존재들이기 때문이다.

강점 코칭을 위한 질문

✦ 인맥이라고 생각하는 것은 무엇인가요?

✦ 우린 사회와 어떻게 영향을 주고 받는 것일까요?

✦ 주변 인맥이 자신의 정체성을 알리는 수단이 될 수 있을까요?

✦ 나는 주변에 어떻게 알려진 사람인가요?

일의 성패成敗를 가르는
협상능력

일에 있어 결과나 성과를 내기 위해서는 '협상력'이라는 게 필요하다. 하지만 나에게 있어 '협상력'이라는 것은 단지 '협상'할 수 있는 기교를 말하는 것이 아니다. 기본적으로 '추진력', '결단력', '에너지', '끈기', '기획력'이 모두 합쳐진 것이 바로 '협상력'이라고 할 수 있다. 사실, 협상을 위해서는 이 모든 특성이 필요하다.

단지 사업에 있어서 특별한 프로젝트를 위해서만 이런 것들이 필요한 것은 아니다. 대인관계에 있어서, 더 화목한 가정을 꾸리기 위해서, 인생의 내적인 만족을 누리기 위해서, 그리고 꿈을 이루기 위해서 필요한 것이 바로 '협상력'이다. 협상을 할 때의 제일 기본은 스스로에 대해 겸허해지고 진솔해져야 한다는 것이다. 자신을 치장한다거나 과장하는 식으로는 절대로 좋은 결과를 기대하기 어렵다.

실제로, 무역업을 하면서 협상의 가장 큰 딜(deal, 거래)을 이루어 내면서 나에게 가장 큰 자산이 되었던 것은 '진솔함'이었다. 비즈니스적 계약을 체결하는 과정에서 "나는 가진 자본이 아무것도 없다. 다만 당신들을 위해서 좋은 조건의 딜을 할 수 있도록 능력을 발휘할 수 있다."라고 한 것이 주효했다. 그리고 이러한 오픈형 거래는 이후의 거래에 있어서도 지속적인 관계를 가져갈 수 있도록 도움을 주었다.

상대편의 자금력을 나의 능력과 바꾼 이러한 형식의 '딜'은 매우 깨끗하고 현실적이면서 지속 가능한 관계를 성립하게 했다. '그들은 나의 능력을 사고, 나는 기업의 자금력을 얻어서 비즈니스를 이끌겠다.'라는 것이 나의 생각이었다. 협상능력 안에는 이와 같이 본인이 '가진 것'과 '가지지 않은 것'의 진솔한 제시가 중요하다. 있지도 않은 것으로 다른 사람을 유혹하거나 일순간 매력을 느낄 수 있도록 하겠다는 생각은 버리는 게 좋다.

내가 살아오면서 가장 중요하게 생각하는 키워드 중 하나가 바로

'진정성'이다. 이것에는 용기가 필요하다. 대부분의 사람들은 이것을 어려워한다. 한편으로, 진정성의 부족으로 일을 그르칠 수 있다는 것을 미처 생각하지 못한다. 자신을 거짓으로 꾸미고 돈, 연줄 등을 이야기하는 것은 올바른 태도가 아니다. 나를 명확하게 제시하면 제시할수록 큰 것을 가지고 올 수 있다.

나는 딜을 하면서 내가 가진 패를 상대방에게 다 보여주곤 한다. 물론, 그렇게 하는게 대단히 위험한 것이라고 말하는 사람도 있다. 보통은 상대방의 것을 가지고 오기 위해서 패를 숨기는 것이 일반적인 방법이다. 하지만 나는 단 한 번도 그렇게 한 적이 없다. 그리고 이렇게 하는 것은 나로 하여금 30년의 세월을 무역업에서 큰 오해 없이 꾸준한 발전이 가능하도록 하게 하는 원인이 되었다.

물론, 이것은 기존의 관념을 깨는 부분이다. 하지만 이미 이런 '패를 다 보여 주는 것'은 수십 년의 세월 동안 나의 인생을 통해 증명된 결과이다. 한국인이면서 한국인을 폄하하는 것은 아니지만, 한국 사람들과 딜을 할 때는 합리적으로 하기가 어려울 때도 있었던 게 사실이다. 하지만 외국인들과 딜을 할 때 합리적으로 자신이 가진 것들을 제시하면 안 되는 것이 없었다. 개인주의적이면서도 합리적인 사고를 가지고 있는 그들에게 원리원칙대로의 조건 제시는 상황을 부드럽게 만들었고 원활한 의사소통이 가능하게 했다.

계약을 진행할 때에는 올곧게 합리적인 사고, 처음에 협상했던 모든 것들의 정확한 '데이터'가 필요하다. 일반 사람은 돈을 좀 더 받기 위해서 위축되기도 한다. 하지만 나는 안 받아도 괜찮다고 이야기를 하며 대범함을 보였다. 내가 정확하게 무엇을 받아야 하는지에 대해서 정확하게 사고가 되면 주변의 것들을 살펴보면서 잃을 것도 질 것도 없는 상황을 이끌어가기 시작했다.

사실 푼돈을 받자고 그들에게 끌려 다니면 아무것도 남는 것이 없다. 이러한 부분에 대해 정확히 원칙을 정하고 그들과의 계약조건에 대해서 하나하나 이야기하기 때문에 상황 정리가 빠르게 되었다. 즉 내가 손해 보게 되는 '딜'을 하지 않아도 되었다.

'데이터'란, 사람들이 협상하는 단계까지의 비하인드 스토리를 명시하는 것이다. 상대가 알 수 있는 '실제의 것'을 보여줄 수 있어야 한다. '딜'은 기본적으로 내가 손해를 보지 않아야 한다. 상대가 '강자'라고 불릴 만한 명분이나 힘을 가지고 있을 수 있다. 그리고 나는 그들의 조건을 맞춰주는 '약자'일 수 있다. 이런 경우 나의 힘을 배가시킬 수 있도록 하는 것이 바로 '데이터'라고 하는 것이다. 서류적인 데이터를 준비해 단계별로 피드백을 할 수 있도록 하면 좋다. 증빙할 수 있는 자료를 완벽하게 꼼꼼히 만드는 것이다. 일반적 딜은 동등한 관계에서 이루어지기도 하지만 강자와 약자도 이런 준비로 동등한 입장에서 협상을 할 수 있다.

정리해서 표현하자면, '협상'을 함에 있어 진솔함, 결단력, 나의 모든 것을 보여주는 것, 용기, 나 스스로를 인정하는 것이 스스로에게 큰 힘이 된다는 것이다. 스스로의 삶을 발전시키기 원한다면 이런 특성들로 스스로의 입지와 발전의 기회들을 만들어 갈 수 있다.

자신을 주관적으로나 객관적으로 이야기할 수 있다는 것은 정체성을 가지고 있다는 것이다. 내 안의 내가 답을 가지고 있다는 것이다. 협상의 키워드는 '소통'이기도 하다. 이것이 이루어질 수 있을 때 '딜'이

피는 깃이나.

강점 코칭을 위한 질문

✤ 협상 능력을 발전시키기 위해 우리가 할 수 있는 일은 어떤 게 있을까요?

✤ 나에게 있어 사회성이란 어떤 의미인가요?

정의감

"주변 사람들의 공감을 얻는 것과 관련하여 이 강점은 매우 중요한 특성이다. 이를 통해 모든 사람들을 공정하게 대하게 되며 설혹 자신의 마음 가운데 그리 끌리지 않는다 하더라도 내면의 정의감 때문에 마음으로부터 어떤 일이든 하게 한다."

삶이 불공정하다 할지라도

슬프지만, 삶은 공정하지 않다. 그리고 이 분명한 사실을 받아들일 수 있어야 비로소 우리의 인생은 즐거울 수 있다. 삶이 원하는 대로 되지 않는 이유를 자꾸 캐고, 그것으

타고난 재능에 더하여
강점코칭으로
삶을
디자인하라

로 인해 애통해 하다 보면 어느 사이엔가 불행은 우리 곁에 와 있다. 사실, 삶이 공정하지 않다는 하나의 정의는 때로 우리 자신을 절망하게 만들기도 한다. 하지만 이 분명한 사실을 인정하고 나서야 우리의 사고는 비로소 유연해지고 자유로워질 수 있다. 참으로 아이러니한 사실이 아닐 수 없다.

삶에 대한 통찰은 내면의 욕구나 욕망을 어느 정도 내려놓을 때 가능해진다. 그리고 이런 '내려놓음'은 삶의 불공정성을 인정하는 것에서 시작한다. 그러니, 어거지식 '긍정'으로 인해 삶의 통찰이 생길 수 있다고 생각하는 것은 거짓이라고 할 수 있다.

많은 사람들이 흔히 빠지게 되는 함정이 하나 있다. 그것은 삶이 공정한 것이라고 여기는 것이다. 언젠가는 바로잡힐 거라고 좋은 방향으로 틀이 잡혀질 거라고 생각하면서 두 손 두 발 놓고 기다리는 식이 되어 버리는 것이다. 그러면서 자신이나 타인을 그저 측은하게만 여겨 버리는 경향을 보이는 식이다. 인생은 불공평하다. 그리고 앞으로도 결코 그 상태는 바뀌지 않는다. 스스로의 삶을 개척해야 하는 이유는 바로 여기에 있다.

상황이 꼬이기 시작할 때마다 우리는 도대체 뭐가 문제인지를 곰곰히 생각하는 일에 많은 시간들을 보낸다. 물론, 여기에는 말도 안 되는 에너지가 소모된다. 한편으로는 '삶이 불공정하다'고 말하면서 인생의 덧없음을 연민한다. 하지만 잠시 멈추어 생각해 보라. 그런 식의 '끝탕'은 삶의 불공정성을 마음 깊은 곳에서 받아들이지 못하는 데서 비롯되는 것이다. '그래도 삶의 어느 시점에는 좋은 날이 저절로 오게 되기도 할 거야. 이건 정상이 아니야.'라는 생각이 존재하는 것이다.

'삶의 불공정성'을 인정하는 태도가 가지고 있는 장점이 있다. 그것은 현실에 있어 자신에게 주어진 상황에 최선을 다하게 한다는 것이다. 그리고 더 이상 자신을 감정적으로 괴롭히지 않게 한다. 모든 것을 '완벽'하게 해내는 것은 인생의 진정한 의미가 아니다. 그것은 일종의 '숙제'가 될 수 없다. 아니, '완벽'이라는 것 자체가 존재할 수 없는 것인지도 모른다. '완벽'이라고? 누구의 관점에서?

삶이 공정하지 않다는 것을 마음 깊은 곳에서 인정할 수 있다면 모든 사람이 지닌 각자의 능력을 진정으로 가치있게 여길 수 있게 된다. 저마다 가지고 있는 독특한 장점과 도전 정신에 깊은 찬사를 보낼 수 있게 된다. 사람의 삶이 위대할 수 있는 이유는 어쩌면 공정하지 않은 삶을 헤쳐 나가면서 그것을 의연하게 극복해 나가기 때문일지도 모른다. 나는 분명히 그러하다고 생각하고 있다.

삶을 '부정적'으로 보자는 것이 아니다. 삶의 불공정성은 생각의 방향성과는 상관없는 우리가 맞닥뜨리고 있는 현실이다. 현실에 대한 직시만큼 스스로의 삶을 보호하고 대비하게 하는 것도 없다. 옳은 행로를 따라가도록 끊임없이 채찍질해 주는 것도 바로 이것이다. 삶이 공정치 않다는 사실에 대한 인지는 마음을 낙담하게 하는 원인이 되지 않는다. 오히려, 이것은 자신의 삶을 위해 할 일이 많이 있음을 알게 한다. 그리고 있을 수 있는 상황들을 위해서 최선을 다해야 함을 드러내는 것이다.

괜한 동정심으로 자신을 비참하게 여기고 '왜 이럴까'를 연발하는 것은 누구에게도 도움이 되지 않는 자기 파괴적인 연민이다. 타인과 자신에 대해 불필요한 감정적 찌꺼기를 만들수록 힘들어지는 것은 자기 사신이다. 인생의 성공은 쓸데없는 동정심과 불평을 던져버리는 것에서 시작된다.

'나'를 있는 그대로 인정하는 것이
정의의 시작

누구에게든 간에 삶은 미완성일 수밖에 없다. 아쉬움이란 언제고 있을 수밖에 없기 때문이다. 흔히 놓치게 되는 점은 자신이 완전하지 않다는 사실을 받아들이지 않는다는 사실이다. '누구나 완벽하지 않지요'라고 입으로 말하는 사람들은 많다. 하지만 마음속에서 그것을 뼈에 사무치게 인정하는 사람은 그리 많지 않은 것 같다. 자기 자신에게 혹은 남에게 온전히 인정받지는 못할 수 있다는 점을 자꾸만 부인하려고 한다. 정의감을 가진 사람이라면, 자신에 대한 '온전한 인정' 역시 그 내면적 정의의 일환임을 알아야 한다. 이것은 자신을 향한 '단죄'와는 차원이 다른 종류의 것이다.

성숙한 사람이라면, 자신의 '모든 부분'을 있는 그대로 받아들일 수 있어야 한다. 스스로를 '허용'할 수 있는 사람만이 내적인 안정과 평화 속에서 더 큰 성장을 이룩한다. 자신에 대해서도 좀 더 너그러워지려면, 스스로를 사랑하는 것 외에는 달리 방법이 없다. 자신에 대한 열등감에 사로잡혀서 계속 '채찍질'만 하는 사람은 결코 행복해질 수 없다. 스스로의 부족함을 스스럼없이 받아들일 수 있어야 다른 사람에게도 관용과 너그러움을 보일 수 있다. 그리고 그런 마음 상태여야 세상에 있는 모든 사람에게 당당해질 수 있다. '모두'가 부족한 존재들이기 때문이다.

자신을 '있는 그대로' 받아들이기 힘들어하는 사람에게는 질투나 탐욕, 분노 같은 부정적인 것들이 생겨날 수밖에 없다. 어둡고 축축한 기운을 가지고 있는 자아는 좋은 결과들을 만들지 못한다. 부정적 감정들로부터 벗어나 성장으로 갈 수 있는 동력원을 얻을 수 있는 방법은, 나 자신을 '온전히 인정'하는 것에 있다. 흠 잡을 데 없는 사람처럼 행동하거나 완벽한 사람이 되겠다는 욕심을 버리는 것에서 인생은 더 큰 행복으로 상승한다.

없는 긍정을 게워 내기보다는, 자신에게 있는 부정적인 감정도 '자신의 것'으로 받아들일 수 있어야 한다. 삶에 찌들어 힘든 자아에게 우울함이나 의기소침이 있는 건 어쩌면 당연한 일이다. 이런 상태를 더 힘들게 하는 것은, 스스로에게 있는 이런 마음 상태를 있는 그대로 받아들이지 못하고 '이상하다'거나 '정상이 아니'라고 흘겨보는 것이다. 그 순간 인생은 꼬이고 비참해진다. 자존심이나 열등감 때문에, '이건 아니야'를 닌발하고 있다면 삶은 어떤 선물도 주지 않는다.

인간에게는 양면성이 있다. 욕심을 품고 있는 듯하지만 배려의 화신으로 행동하기도 하며, 두려움 가운데서도 용감하게 놀라운 힘을 발휘하기도 한다. 긴장감에 허둥대다가도 금세 마음의 평화를 되찾는다. 그러니, 일시적 상태 때문에 자신을 힘들게 할 이유가 없다. 있는 그대로의 내 모습을 사랑하겠다고 결심하는 순간 인생은 환희의 공간으로 바뀐다. 마음 한 구석 부정적인 생각이 감돌 수 있지만, 그것은 인생이라는 전체 과정 가운데 있는 하나의 '점'인 것이다. 부끄러워하고, 결함을 숨기기 위해 발버둥 치는 일을 중지함으로써 우린 인생이라는 나름 멋진 작품을 만들어 내는 일에 '성공'하는 사람이 될 수 있다. 이것은 다른 차원에서 보면 나를 향한 소박하고도 용감한 '정의'의 실현이다. '나'를 인정할 수 있어야 다른 이에 대한 설득력 있는 '인정'도 끌어낼 수 있다.

강점 코칭을 위한 질문

❖ 나를 있는 그대로 인정하는 것은 공정성과 어떤 연관성이 있을까요?

❖ 누구에게나 다양성이 존재할 수 있음을 인정하는 것은 다른 사람들을 공정하게 대하는 데 어떤 영향을 주게 될까요?

❖ 나는 나 자신과 다른 사람의 존재성을 인정하는 면에 있어 공정한 사람인가요?

Point 10

사랑

> "사람이 가진 대외적 특성 가운데 빼놓을 수 없는 강점이라고 할 수 있다. 사람의 존재 가치를 알게 하고 인륜적 애정을 갖게 하는 강점 또한 이것이다. 사람은 함께 공존하면서 서로 사랑을 주고 받을 수 있을 때 행복을 느낀다."

사랑하는 방법을 깨우쳐라

사실, 인간관계에 있어 '사랑'이 가장 중요하다는 것은 두말할 나위가 없을 것이다. 하지만 그것은 어디까지나 실전이다. 우리의 일상생활 내에서 그것을 트레이닝할 수 있다면 정말 좋을 것이다. 나는 그 좋은 방법이 화초 같은 식물을 집에서 길러

보는 것이라고 생각한다. 조금 이상하게 들릴 수도 있다. '그게 무슨 도움이 된다는 것인가?' 하고 말이다.

정신적으로 넉넉한 상태가 되기 위해서는 내적 평화가 있어야 한다. 그리고 그러한 평화는 '조건 없는 사랑'을 통해서 가능하다. 하지만 인간에게 있어서는 어떤 사람인지 상관없이 일방적 사랑을 하는 것이 여간 어려운 일이 아니다. 사람은 이기적이고 예측하기 힘든 부분을 가지고 있다. 거기에 더해 기대에 미치지 못하여 실망감을 주기도 한다. 화가 나는 것은 당연한 순서이다.

그 사람을 사랑한 거지만, 어떤 형태로든 그 사람이 변해야만 한다고 생각할 수 있다. 자신이 '바라는 모습'의 사람이 되었으면 하는 무의식적 기대는 언제나 존재한다. 어쩜 그런 기대는 자신의 사랑에 대한 '조건 없음'이 아닌, 일종의 '단서 항목'을 가지는 것에 비할 수 있다. '조건 없는 사랑'을 하기란 참으로 힘든 것이다. 사람의 내면이 평화스럽기가 대단히 힘든 이유도 어쩜 거기에 있는지 모른다.

일부 사람들은 삶의 일부분을 애완동물을 통해 투영하기도 한다. 하지만 애완동물 역시 '조건 없는 사랑'을 하기는 쉽지 않다. 한밤중에 강아지가 짖어 대서 잠을 깨거나, 배설물 때문에 비싼 옷을 버리게 된다면 어떨까? 그 순간 조건 없음은 약간의 갈등의 국면을 맞이한다.

하지만 식물은 좀 경우가 다르다. 아주 쉽게 '조건 없는 사랑'을 실천할 수 있는 것이다. 무조건적인 사랑을 실천할 수 있는 좋은 기회를 제공하는 것이다. 흥미롭게도 거의 모든 종교가 이러한 조건 없는 사랑을 이야기한다. 왜일까? 어쩌면 그런 조건 없는 사랑에 들어 있는 엄청난 힘 때문은 아닐까? 사람은 그런 방법으로 내적인 아름다운 평화를 가질 수 있게 된다.

오늘 출근해서 집에 돌아오는 길엔, 화원에 들러 보라. 그곳에는 자신이 마음을 쏟을 수 있는 사랑스런 놈이 분명 한둘 있을 것이다. 마치 자신의 자녀를 돌보듯 그것들을 아끼고 돌보다 보면 자신의 내면에서 알 수 없는 기운과 에너지가 생기는 것을 느끼게 된다. 그것들을 돌보느라, 우울함은 다른 나라의 것이 될 것이다. 사랑의 트레이닝은 바로 그런 작은 것들을 통해서도 얼마든지 할 수가 있다. 식물은 밤에도 깨지 않고 울지도 않는다. 그리고 참을성이 많다.

조금 뜬금없어 보일 수 있지만, 잎을 닦고 물을 주면서 자신이 그것들을 얼마나 사랑하고 있는지를 이야기해 보는 것도 좋다. 꽃이 있건 그렇지 않건, 살았건 죽었건 간에 무한한 사랑이 샘솟듯 나올 것이다. 사랑을 쏟고 돌보는 동안은 짜증이 나거나 화가 나지 않을 것이다. 우리가 살고 있는 공간은 그런 방법으로 얼마든지 사랑으로 가득한 공간이 될 수 있다.

그렇게 사랑을 베풀다 보면, 식물이 아닌 것들에도 애정을 가질 수 있게 될 것이다. 그 무엇을 사랑하든지 '사랑'이란 기분 좋은 과정이다. 그렇게 트레이닝 된 사랑을 주위 사람들에게 나눠 주려고 노력한다면 나의 주변 환경은 놀랄 만큼 달라질 것이다. 있는 그대로 사랑함으로 마음의 평화를 만들어 갈 수 있다면 우리는 시련이 많은 이 세상 가운데서도 여전히 행복해 하고 즐거워 할 수 있다.

- 나에게 있어 사랑은 어떤 의미인가요?
- 사랑하는 방법을 배워간다는 것은 어떤 의미가 있나요?
- 당신에게 사랑은 쉬운 것인가요?

사랑하는 사람을 떠올리는 것만으로도
삶은 피어날 수 있다

이전 부분에서 언급했듯이 '내적인 평화'는 행복에 있어 매우 중요한 요소이다. 이 내적 평화를 가능하게 하는 방법 한 가지가 더 있다. 그것은 하루 중 아주 잠깐 동안만이라도 사랑하는 누군가를 생각하는 것이다. 매일 사랑하는 사람을 생각하면 분노는 저 멀리 사라지게 된다. 안 그래도 현대인의 일상은 짜증나는 일들로 가득하다. 그런 와중에 우리가 마음속으로 떠올리는 사람은 나를 공격하거나 힘들게 하는 사람들인 경우가 많다. 그것은 본디부터 우리의 본성이 나쁘거나 못되서가 아니다.

안 그러려고 해도 자꾸만 나의 '적(?)'들이 나의 생각을 떠나지 않는 이유는 우리의 내면에 매우 자연스럽게 '보호기제'가 있기 때문이다. 수천 년 전, 우리의 선조들은 수렵 생활을 하면서 자는 동안이나 알지 못하는 사이 자신의 생명이 위협받을 수 있다는 사실을 알았다. 당연히 자신의 가족과 스스로를 보호하기 위해 '방어기제'나 '보호기제'가 생기는 것은 당연한 일이었다.

수렵 생활을 하지 않는 지금에도, 우리의 평안과 안녕을 위협하는 일들은 너무나 많다. 그러나 내면의 '보호' 때문에 마음속에서 나를 속상하게 하거나 힘들게 하는 사람의 생각이 자꾸만 일어나는 것은 있을 수 있는 일이다. 그건 나 자신이 못되거나 부정적인 것과는 아무 상관이 없는 것이다.

하지만 사람들이 간과하고 있는 것은 '그 시간' 사랑하는 사람을 생각하는 것이 자신의 마음을 지키는 데 도움이 될 수 있다는 것이다. 워낙에 많은 스트레스를 달고 살다 보니, 사람들은 불필요한 염려와 걱정에 시달리곤 한다. 우리가 하고 있는 걱정의 대부분이 결코 일어나지 않을 일들에 기인하고 있는 것은 익히 알려진 사실이다. 그러니, 기왕에 벌어질 가능성이 없거나 적은 일이라면 스스로를 괴롭힐 필요가 없다.

유쾌하지 않은 생각들이 나의 인지 센서를 가동할 때가 되면 그것을 '사랑하는 사람에 대한 생각'으로 바꿔서 보다 건강한 생활을 하는 것이 가능하다. 이것은 생각보다 쉽고 매우 간단하다. 그냥 떠올리기만 하면 되는 것이다. 짜증스럽거나 언짢은 기억에 생각이 꽂히면 머릿속은 금세 회의적인 생각들로 가득 차게 된다. 이런 때에 자신이 좋아하는 '그 사람'을 떠올리게 되면 이전의 생각들은 언제 그랬냐는 듯 꼬리를 감추게 될 것이다.

관심과 주의가 유쾌한 방향으로 흐르게 되면서 하루 일과 중 결정해야 할 일도 침착하고 현명한 결정을 하게 될 것이다. 만나는 사람들에게 친절하게 대하게 되므로 더 좋은 인간관계가 가능하게 된다. 하부송일 즐거운 여운이 남아 즐겁게 하루를 마칠 수가 있게 될 것이다.

물론 이것은 절대로 어떤 경우에도 화를 내지 말아야 한다는 의미는 아니다. 사람은 감정의 동물이며, 감정의 표출 자체가 정신적 건강에 유익한 영향을 미치기도 한다. 하지만 사랑하는 사람에 대한 단순한 '떠올림'으로 화내는 일이 현저하게 줄어들 수 있다. 기억해야 할 것은, 분노의 감정에 휘말리지 않도록 자신을 조절할 수 있어야 한다는 것이다.

감정의 회오리에 스스로를 허용한다면 우리는 본질적 삶이 아니라 감정의 꼭두각시가 되어 버릴 수 있다. 몇 초밖에 걸리지 않는 이 간단한 과정으로 우리의 삶이 바뀔 수 있다는 것은 놀라운 일이다. 평화로움은 앞으로 늘 우리와 함께 해야 하고 지금도 그럴 수 있어야 한다.

강점 코칭을 위한 질문

❖ 당신에게 있어 사랑하는 사람은 누구인가요?

❖ 가끔씩 사랑하는 가족에 대해 생각하곤 하나요?

❖ 사랑하는 사람에 대해 당신은 어떤 기억을 가지고 있나요?

감 사

"자신에게 존재하는 것과 주변을 통해 공급받은 것들에 대한 마음으로부터의 감사는, 더 나은 대인관계를 가능하게 하고 원활한 의사소통을 가능하게 한다. 일어나는 좋은 일들에 대해 그것들을 당연하다고 생각하는 것이 아니라 주변 존재들에 의해 그런 것들이 가능했음을 인지하는 태도이다. 때로 이 강점 때문에 또 다른 희생이나 베풂이 대물림되기도 한다."

진정 감사함으로
사랑하는 일을 하라

솔직히 말해서, 자신이 원하는 일을 직업으로 가진 사람들은 그리 많지가 않다. 자신의 직업에 만족하는 사람들 가운데도, 이전에는 자신이 좋아하는 일이 아니었는데 죽지 못해 그 일을 하다 보니 어느새 그 일에 익숙해졌다고 말하는 사람들도 있다. 나는 지금 내가 원하는 일을 하고 있는 걸까? 다른 일상을 위해서 돈을 버는 일만큼은 취미나 의향과는 상관없이 할 수 있는 것이 아니냐고 말하는 사람도 있다. 물론 그 말도 틀린 말은 아니다.

하지만 하루 중 대부분의 시간을 직장에서 보낸다는 사실을 생각하면 이 점은 그리 간단한 문제가 아니다. 하루 중 대부분을 일하는 데 사용한다고 보면, 전체 인생을 두고 작지 않은 비중의 시간을 직장에서 보낸다고 할 수 있기 때문이다. 단지 미래를 위한 투자로 보기에는 이 점은 꽤 심각한 일이다. 미래의 어느 시점을 말하는 것인가? 나이 많아 희끗희끗해진 머리로 은퇴할 때를 말하는 건가? 삶의 대부분을 그런 시간들에 사용한다는 것 자체가 불행이라고 생각되지는 않을까? 더구나 그 시절이 되면 그냥 마냥 행복한 일들만 있을 거라고 단정할 수 있을까? 더 중요한 것은 현재가 아닐까?

직장 생활에 익숙해져서 찌들대로 찌들었다고 생각하는 사람들은 이제는 늦었다고 머리를 흔들어댄다. 하지만 가만히 살펴보면 자신의 내부에서는 여전히 꿈틀거리는 뭔가가 있다는 걸 느낄 수 있다. 누구에게나 그런 점들은 존재한다. 왜냐하면 생각이 늙는 것이 아니라 신체가 나이 먹어 가는 것이기 때문이다.

이전 젊은 시절에는 전혀 생각지도 않았고 원하지도 않았던 곳에 일한다는 사실 자체가 삶을 부정적으로 보게 하는 것이 되어서는 안 될 것이다. 다만, 기존의 일을 유지하면서도 일상의 활력을 불어넣어 줄 또 다른 무언가에 관심을 기울이는 것은 여러모로 유익할 수 있다는 것을 말하려는 것이다. 지금은 빛을 보지 못하지만 언젠가 때가 되면 나의 재능을 발휘할 기회는 얼마든지 있을 수 있기 때문이다. 삶의 보람과 의미, 그리고 자존감은 어떤 형태로든 발현되어야 한다. 나는 그것이 '자신이 사랑하는 일'을 통해서라고 생각한다.

어렸을 적 꿈과는 전혀 다른, 생각해 보지도 않았던 분야에서 일하면서 사사건건 현실과 부딪치는 상황들만 자꾸 뱉어낸다면 나의 몸과 마음은 자꾸만 병들어 갈 것이다. 뼈아픈 한숨으로 일관하게 될지 모를 자신의 인생을 위해서 부분적인 조처들을 취해 보는 것은 어쩌면 너무나 당연한 순서인지 모른다. 운명을 원망하면서 미래에 대한 희망을 접어 버릴 것이 아니라, 자신의 자존감을 일깨울 수 있는 생활의 변화를 꾀해 볼 수 있다.

일례로, 어린 시절 가수가 꿈이었던 어떤 여성은 여러 양로원의 노인들을 돌보며 노래로 재능기부를 하고 있기도 하다. TV에 나오는 유명 연예인이 되지 못했다고 실망하거나 푸념을 늘어놓는 일은 절대 일어나지 않았다. 내면의 자존감은 '얼마나 많은 사람이 나를 알아주느냐'에 달려 있지 않기 때문이다. 중요한 것은 자신이 행복하다고 생각하는 바로 '그 일'을 하고 있는 현실인 것이다.

물론, 상황이 허락한다면 직업을 바꿀 수도 있을 것이다. 하지만 그러려면 용기와 많은 위험부담이 담보가 되어야 한다. 나를 행복하게 하는 것은 직업 자체를 완전히 바꾸느냐에 있지 않다. 관건은 '방향성'이다. 사람은 자기가 진정으로 원하는 방향으로 걷는다고 생각되었을 때 비로소 행복해 할 수 있다. 원하거나 꿈꾸었던 일들을 '전혀' 시도조차 못하는 '입막음식' 생활을 하지 않는 것이 포인트이다.

행복은 아름다움과 통한다. 나의 삶이 아름다워지기 위해서는 나는 반드시 행복해져야 한다.

강점 코칭을 위한 질문

⟐ 당신은 진정으로 감사하는 삶을 살고 있나요?

⟐ 당신이 감사함으로 할 수 있는 일은 무엇인가요?

⟐ 당신은 그 일을 사랑하고 있나요?

⟐ 당신이 지금 하고 있는 일을 감사함으로 할 수도 있을까요?

Point 12

친 절

"세상을 따뜻하게 하는 매우 중요한 강점이다. 인륜적으로나 도의적인 관대함은 사회적으로 인간이 외롭지 않다고 느끼게 하는 아주 중요한 단초가 된다. 이를 통해 개인은 다른 사람의 스트레스를 줄이게도 하고 자신의 나아가야 할 대외적 관계를 만들어 가기도 한다."

대화에 있어
상대를 존중한다는 것

눈치 채고 있을지 모르지만, 우리는 자주 사람들의 말을 가로막거나 빨리 말을 끝내도록 강요하기도 한다. 이것은 하나의 습관이다. 그것도 이기적인 습관의 하나이다. 자존

타고난 재능에 더하여
강점코칭으로
삶을
디자인하라

감을 가지고 있는 인간은 쉽게 자기중심적이 될 여지를 가지고 있다. 그러다 보니, 다른 이들이 말하고 있는 중간에도 섣불리 결론짓고 입을 봉쇄하곤 한다.

하지만 이런 습관은 나에 대한 사람들의 존경과 사랑을 손상시키는 행위이다. 뿐만 아니라, 다른 사람의 말까지 생각하고 결론 내림으로써 내적인 에너지를 두 배 소모하게 된다. 별스럽지 않은 오해도 많이 생긴다. 당연히 싸우는 일도 많이 생길 수밖에 없다.

재촉하고, 중간에 끼어들고, 상대방의 생각 또한 한꺼번에 좇아가려고 하는 것은 내가 해야 할 일이 아니다. 한마디로 괜한 일을 하고 있는 것이다. 서로를 초조하고 안달나게 만들며 짜증나게 하는 그런 식의 대화로는 어떤 관계도 진척시킬 수가 없다. 큰 문제가 있는 것도 아닌데, 어떤 사람과 대화만 하면 짜증부터 나고 괜스레 쉽게 울컥하는 경우가 있다. 어쩌면 그것은 그 사람과의 관계적 특성 때문에 더 많이 긴장하고 미리 앞질러 생각하기 때문일지도 모른다. 그 같은 상황에서 잦은 논쟁이 일어나는 것은 당연한 이치이다.

거의 모든 사람들은 자신의 말을 듣지 않는 사람에 대해서 분개한다. 상대방을 향해 말하고 있으면서 자신이 할 말은 다하고 스마트폰을 보고 있다든지, 다른 액션을 취한다든지, 미리 짐작해서 이야기한다면 생기지 않을 오해도 생길 수밖에 없는 것은 어쩌면 당연한 순서일 것이다.

우선, 자신이 다른 사람의 말을 가로막고 판단하고 있다는 사실을 느낄 수만 있다면, 자신의 주변에서 일어나는 오해들의 상당부분을 불식시킬 수 있다. 이것은 정말 어리석고 미련한 습관이다. 그리고 '왜 문제가 일어나는지' 알아차릴 수 없게 만드는 원인이기도 하다. 이런 무의식적인 경향은 눈에 보이지 않는, 악의 없는 습관인 것이다. 이런 경우, 단지 말하는 것을 그만두기만 하면 문제는 즉시 해결될 수 있다.

대화가 시작되기 전, 인내력을 갖고 기다리는 태도가 필요하다. 상대가 얘기를 끝마치는 것을 기다리겠다고 스스로에게 되뇌일 필요가 있다. 이런 간단한 순서를 염두에 두는 것만으로도 만나는 이들과의 '공감'이 크게 달라질 수 있다. 인간은 자신의 말을 잘 듣고 있다고 생각되는 사람을 편안하게 느낀다.

대화를 성급하게 끌고 나가는 것보다 둘 사이의 교감을 즐기는 것이 중요하다. 이렇게 할 때 좀 더 여유 있고 따뜻한 마음을 가진 밝고 의미 있는 관계가 성립될 수 있다.

그리 어렵지 않다. 당신도 시도해 보기 바란다.

강점 코칭을 위한 질문

✦ 당신은 진정으로 마음에서 우러나와 타인을 존중하고 있는 사람인가요?

✦ 타인에 대한 존중은 친절과 어떤 관련이 있을까요?

✦ 무엇이 당신을 친절하게 하는 원동력인가요?

타고난 재능에 더하여
강점코칭으로
삶을
디자인하라

진절한 여유가
삶을 풍요롭게 한다

적지 않은 사람들이 삶을 조급해한다. 긴장 가운데 경쟁적으로 살아야 한다고 생각한다. 모든 삶을 긴급한 상황처럼 바지런하게 살아야 한다고, 그래야 성공할 수 있다고 여긴다. 하지만 그런 모습들은 더 많은 스트레스를 만들면서 삶을 정체되게 한다. 많은 사람들이 뭔가 다급하게 사는 이유는 느긋한 모습으로 살면 목표 달성에 실패하게 될 거라는 생각 때문이다. 이것은 일종의 두려움이자 공포이다.

마음의 여유를 갖는다는 것은 게을러지는 것과는 다른 문제이다. 매사에 무관심해지는 것과도 다른 것이다. 온순하고 친절하고 여유를 갖는다고 해서 인생은 꼬여 버리거나 발전이 더디 이루어지지 않는다. 실은 그 반대이다. 두려움에 마비된 성급한 사고는 인생에 있어 중요한 것들을 빠뜨리게 한다. 그리고 허둥대는 동안 엄청난 에너지가 소실된다. 창조성이나 삶의 동기는 기대할 수조차 없다. 인생의 즐거움? 이딴 건 남의 일이 된다. 자신의 내면에 있는 잠재력을 돌아볼 여유는 당연히 없다.

잠시 멈추어 생각해 보길 바란다. 지금 나 자신이 가지고 있는 것이나, 이룬 성과들은 두려움 때문에 생긴 것들이 아니다. 그것에 맞서 당당히 버텼기 때문이다. 주변에 있는 느긋하고 평온한 사람들을 보면 '내면의 강함'을 가지고 있다는 것을 깨닫게 된다. 그리고 그들은 주변의 상황들을 둘러보면서 가치 있는 것이 무엇인지를 제대로 짚고 있다.

아이들을 번듯하게 키운 사랑이 가득한 부모, 카운슬러, 베스트셀러 작가 같은 사람들을 보면 언제나 그들의 내면에는 알 수 없는 여유가 흐르고 있음을 보게 된다. 무엇보다 그들은 자신의 일에 만족할 줄 아는 내적인 평화를 소유하고 있다. 내적인 평화를 얻으면 요구, 필요, 욕망, 걱정으로부터 자신을 자유롭게 한다. 물론, 어느 정도의 발전을 위해서 그런 것들이 필요하긴 하지만 삶이 그런 것들로 인해 압도된다면 그것은 인생을 좀먹는 불행의 씨앗이 될 수 있다는 걸 기억해야 한다.

마음의 혼란은 내적인 에너지를 탕진하게 한다. 뭔가에 집중하게 할 수 있는 것은 내적인 평화가 아니면 이루어질 수가 없다. 많은 성공한 사람들의 특징은 자신의 일에 거침없는 '집중'이 가능했다는 점이다. 내적인 불안이 그것을 방해한다는 것을 기억한다면 삶의 정신적 여유는 그 무엇보다 중요한 것이 된다. 왜냐하면 그것이 삶을 더 가치 있고 성공한 것이 되게 하는 열쇠가 되기 때문이다.

마음의 평화는 모든 것을 가능하게 한다. 행복한 가정, 일에서의 집중, 전문가가 되게 하는 것, 대인관계, 침착함, 나직한 의사소통, 놀이, 취미 등등 이 모든 것을 가능하게 하는 것이 바로 내적인 평화이자 여유인 것이다. 그러니, 깍쟁이가 되기보다는 친절한 사람이 되고 내면의 버둥거림보다는 여유를 갖는 생활을 해야 한다. 그것은 타인을 위한 것이기도 하지만 무엇보다 자기 자신을 위한 삶의 중요한 힌트이기 때문이다.

강점 코칭을 위한 질문

✦ 삶에 있어 친절이 중요하다고 할 수 있는 이유가 있을까요?

✦ 당신은 주변에 친절하다고 알려진 사람인가요?

✦ 친절이 나 자신의 발전이나 대인관계에 영향을 줄 수 있을까요?

타고난 재능에 더하여
강점코칭으로
삶을
디자인하라

소속감

"함께 어우러져 공동의 목표를 지향해 나간다는 것은 인간에게 있어 매우 중요한 부분이다. 때론 공동체라는 테두리가 개인의 자유를 침해할 수 있지만, 충성스러움이나 협동으로 인해 인간은 더 큰 목표들을 이루고 더 원대한 미래의 환경을 만들기도 한다."

동정심은 소속감을
드러내는 방법이다

사회를 병들게 하는 원인을 살펴보면 '남 탓'을 하는 사람들이 너무 많다. 실은 모든 문제의 원인은 자신의 내부에 있음에도 그것을 쉽사리 눈치채지 못하는 것 같다. 이 경우

균형 잡힌 시선이 반드시 필요하다. 모든 것에 남 탓을 하는 것 자체가 정신적인 균형이 깨졌다고 볼 수 있기 때문이다.

사실, 타인에 대한 동정심을 기르는 것처럼 정신적인 평형성을 유지하는 데 도움이 되는 것도 없다. 동정심이란 자신에 대한 집착에서 벗어나 다른 사람의 입장이 감정을 이입하는 것을 의미한다. 그리고 거기에 더해, 타인에 대해서 사랑을 품는 것을 말한다. 다른 사람들의 문제와 고통, 좌절에 대해 '실제적' 느낌이 든다는 것은 우리로 하여금 삶을 대하는 태도를 달리하게 한다.

동정심은 그냥 감정적 방향성 같지만, 이것 역시 연습을 통해 얼마든지 발전시킬 수 있는 것이다. 우리는 의지를 사용해 자신의 문제로부터 타인의 문제로 관심을 확장할 수 있다. 이것은 오지랖과는 분명히 다른 형태의 것이다. 동정심이 있는 사람은 단순 호기심에 의해서 행동하는 것이 아니기 때문이다.

마음에서 우러나, 정기적으로 약간의 돈을 기부하거나 시간을 내어 누군가에게 도움을 줄 수 있다면 우리가 삶을 맞이하는 전체 모습에 이런 행위들 자체가 영향을 주게 된다. 만나는 사람들에게 미소로 화답하거나 인사를 건네는 것만으로도 우리의 삶은 많은 부분 달라질 수 있다. '무엇'을 하는가는 그다지 중요하지 않다. 보다 우리의 관심이 집중되어야 할 것은 우리 삶의 방향성인 것이다. 행동의 크고 작음은 사실 비교 가치로 생각할 수도 없는 것들이다.

테레사 수녀는 "우리는 이 세상에서 위대한 일을 할 수는 없다. 단지 위대한 사랑을 갖고 작은 일들을 할 수 있을 뿐이다."라고 이야기했다. 이 말이 의미하는 바처럼 사람에게 있어서 '방향성'이라는 것은 대단이 중요한 문제이다. 그리고 이러한 동정심 어린 삶의 방향성은 우리의 삶을 더 건강한 것이 되게 한다.

습관적으로 심각하게 받아들이는 일들이 실은 별것 아닐 수 있다는 시선은 바로 여기에서 출발한다. 나보다 못한 상황의 다른 사람들이 존재하기 때문이다. 스스로에 대한 균형잡힌 시선을 갖게 되면서 감사하는 마음이 자라나게 된다. 자신이 '대단한 일'로 생각하는 것들이 실은 지나치게 과장된 '사소한 일'에 불과한 것임을 알게 되는 순간 우리는 스스로에 대해 부끄러운 느낌이 들게 된다. 겸손과 겸허의 태도는 그렇게 자연스럽게 만들어진다. 남에게 보이기 위한 동정심이나 쇼맨십이 가미된 행동들은 언젠가는 그 가치를 잃어버리게 되어 있다. 뭐든 잘할 수 있다는 긍정적인 생각은 이런 감사를 통해 외부로 표출된다. 그리고 삶은 더 아름다운 것이 된다.

강점 코칭을 위한 질문

✥ 타인에 대한 동정심을 가지는 것은 공동체 의식과 어떤 관련이 있을까요?

✥ 공동의 이익을 위해 소속된 단체나 커뮤니티가 있나요?

✥ 그들에 대한 배려는 당신에게 어떤 영향을 미치게 될까요?

먼저 화해의 손을 내미는 것,
함께함의 시작

살면서 한 번도 원망이나 원한이 없었던 사람은 없을 것이다. 말다툼과 오해는 삶에 있어 흔한 일이다. 그만큼 우리는 화가 나는 상황들에 쉽게 노출된다. 누군가로 인해 화가 나기도 하지만 고통스런 경험들이나 주변의 환경들로 인해 분노가 가슴속 어딘가에 생기기도 한다.

누군가와의 불화는 인생에 있어 유쾌하지 않은 경험 중 하나이다. 흔히 관찰되는 것은 '누구나' 완고한 자세로 버티고 있으면서 상대가 먼저 화해를 위해 손을 내밀기를 바란다는 점이다. 하지만 이건 개인적인 바람이다. 그런 식으로는 어떤 문제도 쉽게 해결할 수 없다. 문제를 쉽게 해결하지 못하게 하는 여러 요소가 있는데 그것 중 한 가지가 바로 '자존심'이라는 것이다. 먼저 오는 제스처에 대해 의미부여를 할 수 있을 때만 비로소 마음이 동하여 움직이게 되는 것이다. 그런 식으로만 상대를 용서하고 관계를 회복할 수 있다고 믿어 버린다.

한번 틀어진 관계는 잘 회복이 되질 않는다. 몇 년 동안이나 가족과 대화를 안 하는 경우도 나는 보았다. 사실, 가장 소중한 것을 자신에게 준 사람도 '가족'이지만, 스스로를 가장 아프게 하는 존재도 가족이 될 수 있다는 걸 나는 잘 알고 있다. 나 역시 가족과의 관계에 있어 좋은 결과들을 만들어 내기 위해 무던히도 노력했던 사람 중 하나이다. 하지만 그게 그리 쉽게 되지는 않는다.

의견 충돌이 있었고 상대가 먼저 사과하기 전까지는 절대로 다시는 만나지 않을 거라고 말하는 경우가 있다. 실제 사례들을 보면, '참

타고난 재능에 더하여
강점코칭으로
삶을
디자인하라

힘들구나' 하는 생각을 하다가도 '화해' 역시 매우 간단하다는 걸 알게 된다. '내가 미안해'라는 말 한마디면 충분한 것이다. 화해를 하기 위해 먼저 노력해 보는 것이 필요하다. 물론 처음에는 '절대 그럴 수 없다'고 생각할지 모른다. 하지만 실제로는 서로가 피곤한 그 상황이 어떻게든 빨리 끝났으면 하고 바라고 있다. 그것은 양쪽 모두의 바람이다.

사실, 먼저 손을 내밀면 놀라운 일이 일어난다. 먼저 다가와 준 것을 진심으로 상대는 고마워하게 되어 있다. 그만큼 용기를 내서 다가와 주는 것이 쉽지 않다는 것을 상대가 알고 있기 때문이다. 먼저 적당한 기회를 찾아 화해의 손을 내밀면 누가 이기고 지는 것이 아니라, 모두가 승자가 된다. 그때부터는 마음의 짐을 내려놓을 수가 있다. 억누를 수 없는 분노에 마음이 지배당하고 나면 우리는 상대가 하는 모든 일에 의미부여를 하게 된다. 아주 골 아파지는 상황이 연출되는 것이다.

'사소한 일'도 대단한 일로 여겨버리기 때문에 언제나 분노를 달고 살게 된다. 체면이 행복보다 더 중요하다고 생각하는 일을 밀어낼 수 있어야 한다. 개인의 행복보다 중요한 것은 세상 어디에도 없다. 마음의 평화가 있어야 행복할 수도 있다. 자신의 정당성을 입증하는 것이 행복보다 더 중요할 수는 없는 문제이다. 상대에게 다가올 명분을 주는 것은 자신이 틀리다는 인상을 주는 것이 아니다. 상황은 훨씬 더 좋아질 것이다. '양보의 기쁨'이 무엇인지 알 수 있다면 우리는 한 차원 높은 성숙을 향해 가고 있다고 할 수 있다.

방어적인 태도를 누그러뜨릴 수 있는 제스처를 '먼저' 취하는 사람이 실은 진정한 승자이다. 자신을 향해 마음의 문을 활짝 연 상대를 맞이하게 될 것이기 때문이다. 물론, 관계가 생각만큼 좋아지지 않을지도 모른다. 하지만 그래도 괜찮다. 관계 개선을 위해 최선을 다한 것이기 때문이다. 마음에는 뿌듯함이 생길 것이다. 무엇보다 마음의 평화가 우리를 반기고 있을 것이다.

강점 코칭을 위한 질문

✦ 함께 지내기 위해 화해의 손을 내미는 것은 자신에게 어떤 유익이 있을까요?

✦ 먼저 화해의 손을 내밀어 본 적이 있나요?

✦ 그 측면에서 혹, 어렵다고 느끼진 않았나요?

타고난 재능에 더하여
강점코칭으로
삶을
디자인하라

친화력

"이 부분은 인간이 가질 수 있는 환경적인 모든 요소에 대한 적응의 정도와 관련이 있다. 대인관계가 동료 간에 대한 관계적 요소들을 고려하는 것인 데 반해, 친화력은 사회적 분위기와 환경적 특이성에 대한 능동적이면서 자발적 노력을 말하는 것이다."

분위기를 읽는 것은
생존의 문제이다

사람을 향한 '대인 관계성'과는 별도로 '친화력'은 사람이 가지는 고유의 분위기와 관련 있다. 환경적인 모든 요소들을 고려할 때 그 사람이 얼마나 자신의 위치에 잘 적응하고 만족스런 느낌을 갖게 되느냐가 큰 영향을 주는 것으로 보인다. 조금 이해가 가지 않을지도 모른다. 성품상 좋은 특성을 가졌다고 '생각되는' 사람이 '친화력'도 있다고 생각되기 쉽기 때문이다.

하지만 본질적 차원으로 넘어가면 실상은 그렇지가 않다. 애완동물에 대한 극진한 정성이 있고, 불우한 사람들에 대한 동정심으로 기부 활동의 리더로 섬기고 있으면서, 다른 사람들에게 온화한 사람으로 알려진 사람들이 부분적으로는 사람들과의 사이에서 분위기를 읽지 못하고 물과 기름처럼 섞이지 못하는 경우가 종종 있기 때문이다.

사실, 우리는 사람의 마음을 들여다볼 수 없다. 진심으로 누군가에 대한 동정심의 발로에 의해 이타적 행동을 하는 것인지, 아니면 스스로도 눈치채지 못할 만큼의 무의식적 생존 전략에 의해 좋은 일을 한다고 하는 것인지 알 수가 없다. 거기에 더해 본질적으로 '착한' 사람이라 하더라도 답답하다고 생각될 만큼 분위기 파악을 못하고 친화적이지 않을 수도 있다.

친화적이지 못한 사람에게 있어서 그 원인이 어디 있든 간에, 그것은 '생존'과 직결되는 문제라고 나는 생각한다. 자칫 친화력이 없는 사람은 가식적인 사람으로 간주되거나 '개밥의 도토리'같이 여겨지기 십상이다. 그것은 싹싹한 말투와 생글거리는 웃음으로 채워질 수 있는 것이 아니다.

문제는 '분위기를 읽는 능력'이다. 돌발적인 행동을 많이 하거나, 예측이 불가능하고 어디로 튈지 모르는 감성을 가지고 있다면 그것은 여러모로 스스로에게 마이너스다. 스스로의 개별성을 너무나 중요하게 생각한 나머지 '분위기 파악 못하는' 사람으로 낙인 찍힌다면 그 사람

타고난 재능에 더하여
강점코칭으로
삶을
디자인하라

은 지역 사회 내에서 도태될 수밖에 없다. '친화력'은 그래서 중요하다.

'친화력'이라는 강점은 개인에게 있어서는 생존 전략이며, 커뮤니티 안에서 작용할 때는 비언어적 협동과 연합의 이유가 된다. 친화적 인간이 된다는 것은 공동의 이익을 위해 스스로가 쓸모 있는 사람임을 증명하는 것이라고 할 수 있다.

강점 코칭을 위한 질문

⊕ 비언어적 친화력을 갖는다는 것은 어떤 의미일까요?

⊕ 나는 다른 사람과 어울리는 면에 있어서 어려움이 없나요?

⊕ 무엇이 당신을 사람들과 잘 어울리는 존재로 만드는 것 같나요?

특별한 상황에서도
당황하지 않게 하는 것

삶은 개인이 원하는 대로 술술 풀리지 않는다. 인생이란 '풀어나가는 과정'의 연속이다. 본디 삶이 그런 모습이기 때문에 우리 모두에게는 의연함이 필요하다. 하나의 현상 뒤에 오는 전혀 뜻밖의 상황에서도 당황하지 않고 대처하는 자세가 무엇보다 중요하다고 할 수 있다.

하지만 그건 그리 쉬운 일이 아니다. 인간은 본디 나약하고 감정의

지배를 받기 때문이다. 그렇다면 특별한 상황에서도 데미지를 최소한 으로 줄이고 내적인 당황스러움을 좀 더 수월하게 극복할 수 있는 방법이 있을까? 그 면에서 역시 '친화력'이 도움이 될 수 있다.

이 면에서의 '친화력'은 '사람'을 상대로 한 너그러운 수용의 의미가 아니다. 자신에게 닥칠 수 있는 일들에 대한 '받아들임' 차원의 이야기이다. '나에게 이런 일이 일어나다니! 이건 꿈일 거야~'라고 말하는 순간 삶은 더없이 비참한 것이 되고 만다. 유쾌하지 않은 경험들을 삶을 살아가면서 있을 수 있는 수많은 '경우의 수'라고 생각하는 순간 내적 자아는 더 의연해지고 비극은 견딜 만한 것이 된다.

'상황에 대한 친화력' 즉 '받아들임'은 내면의 겸손이 없다면 쉬운 일이 아니다. 이건 자신의 처지에 대한 체념도, 자포자기도 아니다. 자신을 온 우주에서 '아주 중요한 존재'로 생각하는 순간 주변의 벌어진 일들에 불필요한 '의미부여'를 하게 되고 스스로는 더없이 비참하고 불행한 사람이 된다. 이 책의 다른 장에서도 언급되지만, 자신을 이해하고 의미 있는 삶을 살아가기로 결심한 사람들은 기꺼이 스스로의 '소멸' 즉 죽음에 대해서도 생각할 수 있어야 한다. 이건 서글픈 인생살이에 대한 푸념이 아니다. 누구나 맞닥뜨리는 일상의 부분인 것이다.

상황을 의연하게 받아들일 수 있는 사람에게 삶의 단면들은 당황스런 것으로 다가오지 않는다. 한순간 '멈칫'하는 상황이 생길 수도 있겠지만, 그건 단순한 숨고름일 것이다. 잠시 멈추어 숨 고르기를 한 이후에 우린 이전의 모습 그대로 우리의 삶을 영위해 나갈 것이다.

삶은 쉬운 문제가 아니다. 하지만 모든 삶의 과정 안에서 있는 그대로의 '허용'을 보일 수 있다면, 우리의 삶은 더 즐겁고 환희에 찬 것이 될 것이다. 아이러니하게도 말이다.

강점 코칭을 위한 질문

✛ 현재의 상황과 처지를 생각할 때 자신을 불행한 사람이라고 생각하나요?

✛ 무엇이 나를 열악한 상황 속에서도 기동하고 견디게 한다고 생각하나요?

✛ 삶에 있어 당신을 '친화적'이지 못하게 하는 특별한 트라우마나 기억이 있

　나요?

제3부

미래발굴
지향성

Point 15

창의성

"때때로 이 강점을 사람의 지능과 연결 짓기도 하는데, 이것은 새로운 세계를 열고 더 많은 가능성을 현실로 이끄는 중요한 원동력이라고 할 수 있다. 기존의 고정관념을 타파하고 더 나은 발전을 이루려는 동기도 바로 여기서 나온다."

하드웨어가 좋다고
꼭 좋은 결과가 나올까?

글로벌 무역인으로서 30년 정도의 시간을 보내는 동안, 내가 주로 거래를 했던 대상은 '유대인'들이었다. 거의 90퍼센트 이상이 그들과의 거래였다. 그 오랜 시간을 그들과 함

타고난 재능에 더하여
강점코칭으로
삶을
디자인하라

께 보냈으니, 유내인식의 사고를 이론으로 공부한 사람과는 뭔가 달라도 다르다고 할 수 있는 사람이 바로 나였다. 뼈에 사무치듯 몸으로 체득했으니 이런 말을 하는 것도 무리는 아니라고 생각한다. 인정하지 않을 수 없는 점은, 많은 사람이 이야기하는 것처럼 그들은 사고부터가 일반적으로 우리가 생각하는 것과는 차원이 다르다는 사실이었다.

물론, 나는 어떤 민족이나 특정 혈통이 다른 부류의 사람들보다 훨씬 더 우월하다고 여기는 식의 접근 방법을 좋지 않다고 생각한다. 하지만 그것과는 별개로, 리더로서 뭔가 배워야 할 것이 있다면, 의당 그런 것들을 특정 부류의 사람들로부터 습득하는 것은 자신의 몫이라는 생각한다. 유대인들에게 무언가 다른 점을 배웠다고 생각하는 이유는 그들의 정신적 문화가 대대로 이어져 내려오는 긍정적 대물림에 기인하기 때문이다.

유대인들은 기본적으로 생물학적인 유대인이 아니라 하더라도 '유대인의 정신'을 물려받았다면 그 사람도 '유대인'이라는 생각을 가지고 있다. '실제로' 그들이 낯선 사람들을 '형제'로 여길 수 있는지 여부는 잘 모르겠지만, '대의적 차원'에서 그들은 기본적으로 그런 생각을 가지고 있다고 한다. 결국 그들에게 있어 중요한 것은 '사고의 능력'이나 '사고의 방법'이라는 이야기이다.

훌륭한 리더는 훌륭한 교육을 통해서 나온다. 그건 너무나 당연한 얘기다. 이 측면과 관련해서 국내의 현실을 이야기하지 않을 순 없을 것 같다. 솔직히 말해, 우리가 살고 있는 이곳의 일면들은 그다지 밝은 편이 아니다. 국제성취도 평가인 PISA(OECD 국가 15세 학생들의 학업 능력[읽기·수학·과학]을 평가하는 제도)가 조사한 결과들을 보면 우리의 현실이

어떠한지가 그대로 여실히 드러난다. 2012년도 평가에서 '학교에서 행복하냐'는 질문에 대해 한국의 학생들의 응답 결과는 평가에 참여한 65개국 중 65위였다. 하위 중에서도 최하위인 셈이다.(OECD PISA 2012 results 자료 참조) 어쩌다 우리의 교육이 이 지경이 된 것일까?

나는 이 부분에서 시험이나 결과 위주의 교육이 그런 문제들을 만들어 내는 것은 아닐까 생각했다. 듣고, 외우고, 시험 본 이후엔 그러한 지식이 삶의 일부로 관철되기보다는 잊혀지는 수순을 밟는 것이 우리 교육의 현실이다. 세계적으로 볼 때, 우리나라 국민은 어딜 내놓아도 빠지지 않는 능력을 가지고 있다. 2014년 포브스가 선정한 IQ 순위는 홍콩에 이어 2위로 기록되는 사람들이 바로 한국인이다.

하지만 공부에 쏟아 붓는 시간은 세계 1위면서 정작 '학문 분야'의 노벨상 하나 받지 못하고 있다는 건, 아이러니를 넘어 실소를 짓게 하는 대목이다. 한국의 학생들이 하버드 진학률은 대단히 높다고는 하지만 졸업하지 못하고 중단하는 비율 역시 43%로 세계적으로 볼 때 상당히 높은 수준이다. 무엇이 이런 결과들을 만들어 내는 것일까?

중요한 건, 능력이나 '하드웨어'가 아니라 '방법'에 있다는 생각이 든다. 가장 많은 노벨상 수상자를 배출하고 세계 경제를 쥐락 펴락 하는 유대인들, 그들에게는 분명 그들만의 이유가 있을 것이다. 실제로 오랜 시간 그들과 함께 밥을 먹고, 그들과 함께 소통했던 나로서는 그들의 피와 뼈에 깊숙이 인지된 그들만의 '사고 유전자'가 있다는 생각이 든다.

우리나라 학생들이 지능도 높고, 공부하는 시간도 많고, 부모의 교육열도 유대인들보다 훨씬 더 높지만, 유대인을 따라잡지 못하는 데는 나름의 이유가 있다고 생각해야 할 것 같다. 월등히 더 좋은 '하드웨어'

를 가시고 있으면서도 더 좋은 결과를 만들지 못하는 이유가 분명 있다고 생각되지 않는가? 이것은 대외적으로 어떤 성과를 만들어내느냐보다 훨씬 심오하고 유익한 의미가 있다. 바로 자기 자신을 창조적 사람으로 어떻게 발전시켜 나갈 것인지의 문제인 것이다.

강점 코칭을 위한 질문

✦ 창조적인 사고와 방법은 어떻게 찾아야 할까요?

✦ 창의성은 지능과 관련이 있을까요?

✦ 남다른 창의성을 위해 할 수 있는 일은 무엇일까요?

유대인의 자녀 교육을 통해
배우라

　　　　　　　　한국에 사는 우리들은 가부장적 분위기를 당연한 것으로 생각하는 사회에서 태어났다. 그러다 보니, 우리의 영혼도 그러한 사회적 분위기를 자연스럽게 나 자신의 일부로 생각하게 되었다. 사실, 어떤 것이 '절대적으로 더 좋다'거나 '이것이 당연한 것'이라는 생각 자체가 개인의 발전과 관련해서는 위험한 생각일 수 있다는 생각을 한다. 사회적인 분위기가 그렇다 보니, 누군가의 이야기에 토를 달거나 이의를 제기하는 식의 모습은 환영 받기가 힘든 편이다. 하지만 유대인식 사고로 보자면 우리 생활에 점철된 그런 분위기를 달리 생각해야 할 필요가 느껴진다.

흔히들 알고 있는 유대인식 교육 방법은 '하부루타'로 정의된 방법이다. 많은 사람들이 한 번 정도 이 교육 방법은 들어봤어도 이것이 무엇을 의미하는지 그 실체를 아는 사람은 많지 않은 것 같다. 한마디로 '하부르타'는 짝을 지어 질문하고 대화, 토론, 논쟁을 이어가는 그들만의 전통 학습 방법이다. 교실에서 교사들의 말을 일방적으로 듣고 그것을 자신의 것으로 만드는 우리네 일반적인 방식과는 교육 방법이 많이 다르다. 논쟁과 토론이라고? 혹자는 이런 방식이 더 많은 논란을 만드는 것은 아니냐고 이야기하기도 한다. 하지만 유대인들은 그런 논쟁을 통해서 '말씨름의 승자'를 찾지 않는다.

정말 아이러니하게도, 그렇게나 가부장적이고 수직적인 구조에 익숙해 있는 우리 문화 가운데서, '목소리 큰 사람이 이긴다'는 말이 생겼다. 이것은 오히려 우리가 가진 문화가 '말싸움'에서 누가 이기느냐에 큰 의미를 두고 있음을 드러내는 것이라고 할 수 있다. 유대인에게는 논쟁과 토론이 익숙한 것이다 보니, 그런 논쟁으로 자존심을 구긴다고 생각할 일도, 그런 일들로 큰 싸움이 날 일도 오히려 적다. 그들은 이것을 통해 경청하고 사고하는 방법을 배운다.

유대인들은 아이들에게 노동의 신성함과 내면적 가치를 끊임없이 알려주고 그들이 얻은 보상을 통해 아이들이 또 다른 특별하고 가치 있는 일들을 할 수 있다는 것을 일깨워 준다. 하지만 이때에도 일방적인 교훈의 형태가 아니라, 대화와 토론으로 집안일을 함으로써 보상을 받을 수 있는 항목을 만든 후에 아빠와 엄마가 서명하고 자녀들도 여기에 서병하도록 한다. 어쩌면 너무나 도식화되고 계산적인 느낌을 주는 건 아니냐고 할 수도 있지만, 유대인들의 이런 교육이 아니었다면 현재의 유대인들의 부(富)는 생기지 않았을런지도 모른다.

유대인들에게 무엇이 그들로 하여금 다른 민족들에 비해 자신의 분야에서 두각을 나타내도록 하는지 물으면, 주저없이 전통적인 교육 방식 '하부르타'를 이야기하곤 한다. 부모나 교사는 아이들을 가르치면서 교육에 관심을 가지고, 경험의 기회를 제공하지만 절대로 답을 제시하지는 않는다. 결론부터 정해 놓고 이야기하는 권위적인 대화 방식과는 참 많이 다르다는 걸 알 수 있다.

유대인 아이들에게는 어려서부터 짝을 이루어 대화나 토론을 하는 '하부르타 친구'가 한 명씩 있다. 유연한 사고 가운데 있다 보니, 그들의 생각 가운데는 실패나 패배가 다음 성공을 위한 '또 다른 시작'으로 인식된다. 거기에 더해, 토론문화가 발전하다 보니 상대방의 의견을 끝까지 잘 들은 다음 자신의 의견을 제시하는 매너를 알고 있다. 중요한 점으로 그들은 서로 '납득이 갈 때'까지 논쟁한다. 그러다 보니, 서로 같은 결론에 이르지는 않는다 하더라도, 서로를 위해서 무엇을 할 수 있는지, 혹은 자신의 생각을 굽히지 않으면서 상대방의 의견을 배려하는 차원의 제스처를 어떻게 취할 수 있는지를 생각한다. 상대방의 생각에 대해서는 전혀 까막눈인 상태로 완고함을 가지다가 오해가 생기는 일들은 그들에게 그리 흔히 생기는 일이 아니다.

보통 때, 우리 엄마들은 아이가 학교에 갔다 집에 오면 '오늘 학교에서 뭐 배웠니?' 하고 묻곤 한다. 그것도 아이들에게 관심이 좀 있는 엄마들의 경우이다. 대부분은 그런 질문 없이 그냥 아이들을 학원이고 학교에 보낸다. 하지만 유대인 부모들은 자녀들에게 '학교에서 선생님께 무슨 질문을 했는지'를 먼저 물어본다. 부모들이 하는 질문의 방향이 근본적으로 다르다는 걸 알 수 있다. 그들은 그런 방법으로 자녀에게 '잡은 물고기'가 아닌 '물고기 잡는 방법'을 전해 준다. 자녀 스스로 궁금하다고 생각하는 것은 바로 교사에게 물어서 알게 하는 것이 그들이 가진 교육의 방향성이라고 할 수 있다. '수줍어서 질문을 못하면 배우지 못하고 도태된다'는 말이 생길 정도로 그들에겐 지적 호기심을 채우고 지식을 자신의 것으로 만드는 것이 매우 중요한 부분이다.

'물고기 잡는 방법'을 알게 된다는 것은 참 중요한 부분이라는 생각이 든다. 문제가 생겼을 때 능동적으로 그 문제를 '해결할 능력'이 있다는 것은, 새로운 문제를 원숙하게 대하고 주저하거나 실패를 두려워하지 않는 사람이 되게 하는 것이니 말이다. 결국, '하부루타'는 '공부법'일 뿐만 아니라, 그들에게 있어서 '생활의 나침반'이기도 하다는 걸 알 수 있다.

자신의 의견 표명을 부끄러워하거나 주저하지 않는 그들의 모습은, 어느 날 갑자기 생긴 것이 아니라, 이렇듯 아주 어려서부터 훈련되어지고 다듬어진 생활 태도를 통해 만들어진 것이다. 원활한 소통을 가능하게 하는 그들의 문화는 리더가 되기 원하는 모든 사람들이 한번쯤 생각하고 배워야 할 부분이라는 생각이 든다. 리더는 '특별함'이 만들어 내는 것이 아니라, '일상의 철학'이 만들어 내는 지극히 평범한 것이라는 생각이 든다.

현실상의 문제들에 있어 자신이 그 문제를 해결해 나갈 수 있다는 자존감을 갖는 것은 그리 간단한 문제는 아닌 것 같다. 유대인식 문제

해결 방법이나 교육 방법을 통해 그에 대한 통찰의 일부를 얻을 수 있겠다는 생각이 든다.

역발상이
자신을 달라지게 한다

'달리기'를 하면서 거울을 보는 사람은 없다. 뭐 '걸어가면서' 거울을 보는 사람도 내 평생에 그다지 만나본 것 같진 않다. 웬 뚱딴지같은 이야기냐고? 말하려는 요지는, 오늘날 자신의 발전을 원하는 사람에게 진정으로 필요한 게 뭔지를 언급하고 싶은 것이다. 세상엔 달라지려고 하는 사람들 투성이다. 자신이 가진 문제들을 어떻게든 상쇄해 보려고 안간힘을 쓰고 있다. 그들의 몸부림은 달리기와도 같다. 언젠가 코미디 프로에서 얘기했던 '일등만 기억하는 더러운 세상'이라는 문구처럼 사람들은 그렇게 일등이 되기 위해 오늘도 치열한 삶의 장면들을 만들어 내고 있다.

달라지기 위해서 '달리기'를 하는 것은 어쩌면 당연한 것인지도 모른다. 달리기가 안 된다면 걸음마라도 해서 어떻게든 지금의 상황들을 타개해 나가야 한다. 그게 세상의 이치이다. 하지만 좀 달리 생각해 볼 순 없을까? 달라지고, 변화하고, 발전하기 위해서 걷던 걸음도 멈추는 식의 '역발상易發想'이 필요한 것은 아닐까?

많은 사람이 우울해 하고 있고, 힘들어 하고 있다. 고속화 성장 탓인지 사람들은 어떤 방법으로든 다른 사람을 이겨먹어야 한다는 무의식을 가지고 있다. 자신에게 꼭 필요한 것이든 아니든 일단 손아귀에 쥐고 보려는 사람들이 우리 주변에는 너무나 많다. 사람이 살아가는 근본적인 지향점이 '행복'이라는 걸 그들도 잘 알고 있지만, 그 지향점의 의미는 퇴색되고 '성취'나 '소유'가 반드시 '행복'을 가져다 줄 수 있다는 무의식이 짙게 깔려 있는 듯하다.

'나'의 문제점과 보완점을 제일 잘 아는 사람은 바로 '나'일 수밖에 없다. 누군가가 나의 내면의 것들을 길어내고 '외부'의 시선으로 치밀하게 분석을 해 줄 수 있다고 하더라도, 타인에 의한 자신의 평가 이면에는 '타인'이라는 필터링이 존재할 수밖에 없다. 타인에 의한 염려는 아무리 섬세하더라도 한계가 있다. 게다가, 개인에 대한 온전한 숙지가 미비한 상태에서의 잘못된 조언들은 누군가의 삶을 되돌릴 수 없을 만큼 완전히 망쳐 버릴 수도 있다.

가장 바람직한 것은 '딛고 일어서는 것'이다. 스스로가 자신을 분석하는 방법을 터득하고 가장 유용한 '자신 스스로 돌보기'를 할 수 있어야 한다. '온전한' 필요는 그렇게 채워질 수 있는 것이다.

걷거나 뛰어다니면서 거울을 보는 사람은 없듯이, 우리 자신의 모습을 닐피고 섬세한 주의를 기울이기 위해서는 '반드시' 멈춰야 한다. 발전과 변화를 위해서 멈춘다? 그렇다. 이른바, 이런 식의 '역발상'이 있어야 하는 것이다. 생각 자체를 근본적으로 바꾸는 것이 쉬운 일은 아니지만, 이런 식의 전체를 되짚고, 뒤집는 생각이 필요한 시대이다. 보다 아름답고 건강한 사회를 위해서 말이다.

강점 코칭을 위한 질문

✿ 가끔 대열에서 이탈하고 싶었던 적이 있나요?

✿ 관점을 달리 해보기 위해 나는 스스로에게 어떤 질문을 하고 있나요?

호기심

> "특정 생각들을 시도하게 하고 마침내 상상하지 못했던 전혀 새로운 결과들을 만들어 내는 것이 바로 이 강점을 통해서 가능하게 된다. 지나친 상대방에 대한 호기심은 자칫 개인이 가진 사적인 별개성을 침해하기도 하지만 문화나 예술, 학문에 대한 끝없는 호기심은 인간이 가질 수 있는 가장 아름다운 특성이라고 할 수 있다."

자기계발이란 무엇일까?

스스로의 발전을 위해 노력하는 과정을 흔히들 '자기계발'이라고 한다. 나에게 있어 자기계발은 될 때까지 해놓는 것, 할 때까지 해놓고 기어코 성공을 만들어 내는 것을 의미한

타고난 재능에 더하여
강점코칭으로
삶을
디자인하라

디. 다른 말로 바꾸어 말하자면, 정해놓은 목표에 도달하기 위해서 꾸준히 노력하는 것을 말한다.

자기계발을 위해서는 때론 낭비되거나 유동 가능한 시간을 일부러 내서 그 시간을 활용하는 것도 필요하다. 여기에는 결단력이나 용기 등이 필요하다. 예를 들어, 나의 경우엔 영어를 공부하기 위해 새벽 5시에 일어나 깨질 듯한 나른함을 극복해야 했다. 잠을 줄이는 수밖에는 다른 도리가 없었다. 10시간 이상 잠을 자야 할 수도 있지만 5~6시간 잔다고 해서 사람이 죽지 않기에 나의 필요를 위해 일부 잠을 줄이고 영어 공부를 한 것이 나에게는 큰 도움이 되었다. 사실, 무역에 있어 영어는 필수적인 것이었다.

내게 부족한 것이 무엇인지 아는 것, 즉 현실을 깨닫는 것이 자기계발의 시작이다. 거기에 더해, 계획을 하고 앞으로 10년을 위해서 무엇을 할 것인가를 생각해야 한다. 그리고 계획이 끝났다면 어떤 희생을 통해서든지 실행하는 것이 필요하다. 계획과 실행에는 '시간'이라는 맹점이 존재한다. 시간은 누구에게나 공평하게 주어진다. 그리고 그 시간은 기존의 활동들로 길들여져 있기 때문에 불가피하게 조정하는 과정들이 필요하다. 살아가는 데 있어서 시간의 일관성을 공간적으로 어떻게 잡느냐가 굉장히 중요할 때가 있다.

어떤 목표를 정했다면 끝까지 노력하고 그 노력으로 인해 목표를 이루겠다는 결심을 해야 한다. 결과가 만족할 만한 것이든 그렇지 않든 간에, 일단 노력해서 가시적인 변화가 생기기 시작했다면 그것은 '자기계발'이라고 할 수 있다. 책을 읽는 독자들에게 당부하고 싶은 것은 '자기계발'의 키워드를 너무 크게 보지 말라는 것이다. 디테일하게 세분화를 해서 당장 실행이 가능한 작은 일로 목표를 정할 때 실행도 쉽고 성공의 가능성도 높아진다.

절대로 큰 덩어리로 목표를 뭉뚱그려서 만들지 않는 것이 포인트이다. 많은 사람들이 비전은 있으나 이 비전에 가까이 가지 못하곤 한다. 이유는 목표가 너무 모호하거나 너무 크거나 세분화되어 있지 않기 때문이다. 실행하지 않으면 모든 것은 이루어지지 않는다. 그건 너무나 당연한 이치이다. 그러니 '당장 실행할 수 있는 것'이 되도록 하는 작업이 필요하다. 바로 '세분화'인 것이다.

꿈은 그저 꾸는 것으로만 끝나서는 안된다. 꾸고 나면 허망한 꿈이 아니라 행동의 결과가 꿈이 되어야 한다. 목표에 도달하는 것은 내가 지금 실행할 수 있는 모든 작은 일들의 합이다. 이게 바로 꿈을 이루는 것이고 자기계발이고 누구의 삶이 아닌 나의 삶을 찾아가는 가장 중요한 부분이다.

강점 코칭을 위한 질문

✦ 스스로 달라지기 위해 어떤 노력들을 해 보았나요?

✦ 자기계발이란 무엇일까요?

✦ 나는 실제로 현재의 삶에 있어 달라지기를 원하고 있나요?

타고난 재능에 더하여
강점코칭으로
삶을
디자인하라

중요한 건 시노하는 것,
시작의 불리함을 탓하지 마라

시작이 불리한 사람은 분명 존재한다. 그리고 그런 사람들에게 더 많은 노력이 필요하게 되는 것은 따라와야 할 순서이기도 하다. 하지만 분명한 것은 그로 인한 결과는 정해지지 않는다는 사실이다. 출발이 불리하다고 해서 실패할 확률이 높은 것도 아니다. 많은 경우, 출발 자체의 불안함이 혹은 조건의 열악함이 나쁜 결과로 이어지는 경우는 많지 않다. 좋은 출발과 열악한 출발이 만들 수 있는 결론은 사실 그것과는 아무런 상관이 없다.

조건을 따질 필요가 없다. 우리 자신은 이미 세상에 있는 누군가보다 분명 더 좋은 조건을 가진 사람이기 때문이다. 그럭저럭 정상적인 신체적 조건을 가지고 있다면 우리 모두는 축복 받았다고 할 수 있는 조건을 가진 셈이다. 풍족한 상태에서, 혹은 모든 조건이 갖추어진 곳에서 시작해야 한다는 생각은 애초에 가지지 않는 것이 좋다. 그것은 안일하고 게으른 생각일 수 있다.

특정 조건이 갖추어져야만 뭔가를 할 수 있다는 생각은 일을 실패로 만들기 쉬운 상황들을 계속 재현한다. 원하는 조건들이 갖추어진 상황이라 해도 과연 순조로운 성공을 만들 수 있을지는 장담하기 어렵다. 오히려 안일한 정신 상태가 일을 그르치는 것이 앞으로 벌어질 일의 순서에 가깝다. 모든 일을 제대로 만들어 내는 원동력은 정신력에 있다. 시련이 존재하는 상황 속에서도 견뎌 나가겠다는 집념이 의욕과 추진력을 만들어 낸다.

자신의 상황을 애써 연민하며 세상을 원망할 필요가 없다. 세상은 나를 일부러 열악한 환경 가운데 내놓지 않았다. 그 누구도 의도한 것이 아니다. 다만, 나는 세상에 던져져 도전하고 극복하고 스스로를 사랑할 기회들을 부여 받았다. 그리고 삶의 본질적 의미들은 그런 방법으로 만들어진다.

강점 코칭을 위한 질문

⊕ 때론 자신이 환경 때문에 스스로가 불리하다고 생각한 적이 있나요?

⊕ 불리함이 일의 결과를 가져오는 데 결정적 역할을 한다고 생각하나요?

⊕ 당신에게 있어 '시작의 불리함'이란 어떤 의미인가요?

새로운 경험들이
자신을 바꾼다

젊은 시절, 새로운 것들에 가슴 뛴 경험들이 누구에게나 있다. 그것은 한 번도 해 보지 않았던 성적인 경험에서부터, 운전, 새로운 직장 생활 등 많은 것들이 그 원인이 된다. 세상에 태어나서 맞닥뜨리는 모든 첫경험의 설레임을 잊기란 쉽지 않다. 심장 박동을 느끼며 시도했던 많은 것들이 아픔이나 부끄러움으로 끝난 경우도 있을 것이다. 분명한 것은 그러한 첫 경험들이 자신을 바꿔 놓기 시작했다는 사실이다.

나이를 먹어 가면서 우리는 가슴의 뻐근함이나 두근거리는 경험으로부터는 멀어진다. 첫 경험이 차츰 없어지기 때문이다. 하지만 그것은 우리가 처음으로 시도할 꺼리들이 없다는 것을 의미하지 않는다. 오히려 그보다는 새로운 일들에 도전할 엄두를 내지 못하고 있는 것인지도 모른다. 삶을 스릴 넘치게 하는 그런 새로운 시도를 하지 않기 때문에 인생이 무미건조해지는 것인지도 모른다.

　　새로운 경험들은 과연 10대나 20대 이후에는 없어야 자연스럽고 맞는 것인가? 내 생각은 그렇지 않다. 필시 주위에는 나 자신이 아직도 경험해 보지 못한 새로운 일들이 산재해 있다. 가득 차고도 넘친다고 표현하는 것이 맞을 것이다. '이 나이에 새삼스럽게 뭘 한다고' 생각될 수도 있지만, 우리의 삶을 생동감 있고 발랄한 것으로 만들기 위해 우리는 끊임없이 시도할 필요가 있다.

　　새로운 경험을 향한 욕구를 일부러 억지로 눌러버린 적은 없는가? 어린 시절을 떠올리면 매사가 설레임이었다는 생각을 지울 수 없다. 어른이 되면 꼭 해보리라 마음 먹었던 많은 것들이 있었다. 실제 해보고 나서 별것 아니었다는 걸 깨닫게 되기도 했지만, 우리들의 젊은 시절은 설레임 그 하나만으로도 충분히 빛나고 가치 있었다. 해보고 싶은 많은 것들을 떠올리며 설레는 가슴을 진정시켰던 때를 생각해보면 지금의 일상은 너무나 무덤덤하게 지나고 있는 것인지 모른다.

　　생각해 보면 지금까지 살면서 가장 부끄러웠던 경험은 10대나 20대에 경험한 것들이 대부분이었다. 그리고 나이가 들어 가면서 경험 탓인지 연륜 탓인지 우리는 좀처럼 부끄러운 일을 겪지 않게 되었다. 어쩜 그 이유는 '이 나이에 부끄러운 일을 경험할 필요가 있을까?' 하는 생각 때문일지도 모른다.

하지만 사람은 부끄러움과 친해질수록 더욱 많은 발전을 하게 된다. 새로운 일을 시도하면서 느끼게 될지 모를 부끄러움에 너무 연연하지 말길 바란다. 식은땀이 줄줄 흐를 정도의 새로운 시도는 결국 지금의 나를 만들어 주었다. 지금의 나는 그러한 경험들로 인해 생긴 삶의 작품인 것이다. 우리의 삶은 더 빛나고 값진 작품이 될 수도 있다. 얼마든지….

부끄러움을 느끼지 않게 되었다는 것은, 새로운 것들에 눈을 돌리지 않았다는 증거이기도 하다. 도전하지 않는 사람은 결국 발전을 기대할 수가 없다. 다른 말로 바꾸면 이것은 성장이 멈추게 되는 것을 의미한다.

한편으로 우리는 젊은 시절 시도해 보지 못한 것들로 인해 아쉬움을 느끼기도 한다. '작가가 되고 싶었는데 시도해 보지 못했어.'라든가, '딱지맞게 되더라도 고백을 해 볼걸.'하는 식의 시간에 대한 아쉬움을 느낀다. 이미 우리에게는 그런 아쉬움의 경험이 있다. 실패하더라도 '해 볼걸' 하는 식의 후회가 남을 수 있다면, 그건 과거에만 적용되는 건 아닐 것이다. 지금도 그런 아쉬움이 남지 않도록 하기 위해 새로운 일들을 시도해 보는 것은 분명 유익할 것이다.

어린 시절에 그렇게도 꿈꾸었지만 지금까지 해 보지 못한 많은 것들을 떠올려 보라. 분명 그런 것들에 대한 새로운 각오를 다지고 시도해 보는 것은 인생의 성취감과 설레임을 충족시키는 데 큰 역할을 하게 될 것이다. 다시금 성장의 기회를 잡게 된다는 것은 인생에 있어 매우 의미 있는 일이다. 첫 경험의 설렘이 당신에게도 있길 기도해 본다.

⊕ 당신은 새로운 것들을 시도할 만큼 모험심이 있나요?

⊕ 당신은 여행을 좋아하나요?

⊕ 새로운 경험들은 당신의 인생에 어떤 영향을 주게 될까요?

인생은 '경험'하는 것이다

"가보지 않고서는 어떤 것도 확실히 알 수 없다."는 말이 있다. 내가 삶을 살아가면서 점점 더 확실하게 느끼는 것은 '실제' 경험해 보지 않고서는 그 어떤 것도 완전하게 '안다'고 말하긴 어렵다는 것이다. 나에게 있어 무역인으로서의 일은, 계획하고 수정하고 다른 사람을 존중할 수 있게 하는 '살아 있는' 체득體得의 시간이 되었다. 원하는 만큼 일을 하고 잠재력을 발휘할 수 있는 기회는 많지 않다. 자신의 잠재력을 실험하고 경험하기 위해 주어진 기회들을 사용할 수 있어야 한다.

몸과 마음 바쳐 몰두할 수 있는 일이 있다는 것은 어쩌면 행복이라는 생각이 든다. 보고, 듣고, 체험할 수 있는 가장 완벽한 도구가 우리에게는 있다. 바로 '자신'인 것이다. 매순간 '이 경험이 나에게 의미하는 바가 무엇일까?'를 검토하는 것은 중요한 일이다. 배우는 일은 우리의 두뇌 활동과 지적 수준을 높여준다. 아울러 삶에 있어서의 적응력을 높여준다.

사실, '시도'해 보기 전에는 우리가 실제 할 수 있는 일이 무엇인지 알 수가 없다. 우스갯소리이긴 하지만 평생 샌님처럼 살던 사람이 '클럽'을 한번 가보고 자신에게 내재된 흥과 댄서로서의 재능을 발견하게 될지도 모를 일이다. 물론, 어떤 일이건 시도 후에 좋은 결과를 얻지 못하게 될 수도 있다. 그리고 '내 다시는 그 일을 하나 봐라!'하고 생각할 수도 있을 것이다. 하지만 걱정할 필요가 없다. 그 역시 인생의 일부인 것이다.

실패했다 해도, 시도하는 만큼 우리의 잠재의식은 확장된다. 새로운 것을 시도할 때마다 우리의 머리에는 새로운 정보가 축적될 것이고 우리의 나머지 인생에 '특별한 통찰'로 작용하게 될 것이다. 어쨌건 그 소소한 일로부터 뭔가를 배울 수 있는 인생은 얼마나 값지고 행복한가? 실패하고 쓰러지고 일어서고를 반복하는 동안 우리는 인생이 무엇인지를 알게 되고 삶에 있어 의연함을 소유할 수 있게 된다.

나 자신을 돌아보건대, 이곳 지구별에 살게 된 이유가 분명 있다는 생각이 든다. 그리고 이건 나뿐만 아니라 이 글을 읽고 있는 독자들 모두도 마찬가지일 것이다. 모든 사람은 이 세상에 존재하는 이유가 있다. 우리 모두는 특정 분야에서 부족함이 드러나기도 하지만 신이 어쩌다 버무려 만든 '불량품'은 아니다. 그러니 자신에게 있는 한계를 시험하고 경험하기 위해 최선의 노력을 기울여 보는 것은 분명 필요한 일이다.

우리의 잠재성은 계속 확장될 수 있다. 그리고 우리가 할 수 있는 일과 할 수 없는 일이 명확해지면서 우리의 정체성도 더욱 선명해진다. 그렇게 이 사회는 자신감이 넘치는 존재들로 가득 차야 한다. 스스로의 잠재성과 숨은 재능을 위해 최선의 노력을 기울인 사람에게 즐거움과 평온과 기쁨이 함께 있는 것은 당연한 순서이다.

혹시 또 아나? 오늘 저녁 즈음에 전혀 생각지도 않았던 재능과 잠재성이 당신에게 있다는 걸 알게 되는지 말이다. 나는 당신에게 충분히 그런 일이 생길 수 있다고 생각한다.

강점 코칭을 위한 질문

◈ 경험이 인생에 주는 유익한 결과는 어떤 것들이 있을까요?

◈ 경험을 쌓기 위해 과감한 결단을 해 본 적이 있나요?

◈ 무엇이 인생을 더 다채롭게 한다고 생각하나요?

인내

"아무리 무언가를 시도한다 하더라도 개인이 가진 느슨함이나 싫증을 내는 특성을 생각하게 될 때 인내라는 특성은 좋은 결과들과 열매들을 가능하게 하는 매우 훌륭한 강점이라고 할 수 있다. 집중력과 끈덕짐으로 현실의 문제들을 꾸준히 헤쳐나가는 사람이야말로 인간으로서 삶의 짜릿함을 맛보게 하는 의미 있는 강점을 가졌다고 할 수 있다."

내리막의 경험 속에서도…

나는 무역 분야의 '머천 리더'로서 시대를 이끌며 시간의 흐름 속에 비교적 굵은 선을 그리던 사람이었다. 물론, 모든 일이 그러하듯 쉬운 나날들은 아니었다. '입지전적立志傳的'

타고난 재능에 더하여
강점코칭으로
삶을
디자인하라

이라고 부를 정도로 바다에시 성상까지의 숨가쁜 계단들을 거침없이 올라왔다. 하지만 이랬던 나에게도, 내리막이라고 부를 수 있는 시간이 다가왔다. 좀 껄끄럽긴 해도, 이러한 삶의 과정 역시 나 자신의 일부였다. 그리고 이런 삶의 과정 역시 나에게 나름의 가치를 부여한 값진 삶의 단면들이었다.

나 혼자 뛰어들어 맨몸으로 부딪히던 일들이 제법 규모가 있어 보이는 회사로 형태를 갖추어 가기까지, 거기엔 수많은 땀과 노력이 필요했다. 초기 매출 연 100만 달러로 미미하게 시작해서 연 2,500만 달러 수준의 매출을 올린 적도 있었다.

결정적으로 사업이 하향 그래프를 그리며 점점 규모를 줄이게 된 데는 사회적 유통구조의 변화가 주효한 역할을 했다. 이것은 거부하거나 거스를 수 있는 흐름이 아니었다. 기술적인 묘수나 묘안을 짜내어 흐름을 벗어날 수 있는 여지도 없었다. 바뀐 시장의 유통 구조는 능력이나 시장에 대한 지혜와는 별도로, 직업군 자체가 사라지는 것을 의미했다.

자그마치 30년이라는 세월의 흐름이 거기에 묻어 있었다. 나는 이 일에 목숨을 걸었고, 당시엔 그것이 곧 나의 전부나 마찬가지였다. 그런데 상대적으로 제품의 가격이 하락하고 상품에 대한 가격 파괴가 일어나자, 더는 바이어가 '원하는 수준'의 낮은 가격으로 거래를 할 수 없게 되었다. 업계 쪽에서 제법 인지도가 있던 우리 회사는 2005년도가 되면서 매출에 현격한 변화를 체감했다.

2006년, 불길한 예감은 정확하게 맞아떨어지기 시작했다. 오더 수량이 거의 없었고 그해에 바로 회사의 존폐와 관련된 일들이 있었다.

사실, 좀 더 일찍 위험신호를 알아챘다 해도 대안이 없었다. 우린 사라져 가는 세계적인 큰 흐름에 맞서서 싸워야 했고, 그건 승산이 없는 몸부림이 될 뿐이었다.

2010년도가 되기까지 4년 동안 굉장한 고비의 시간을 겪었다. 어떻게든 회사를 살리고 싶었고, 상황을 극복하고 싶은 것이 나의 마음이었다. 시장은 무섭다고 생각될 정도의 '완벽한 변화'가 일어나고 있었다. 그야말로, 쓰나미처럼 휩쓸려 모든 것이 끝나버리고 말았다. 변화된 원가 구조로 인해 경쟁력을 잃은 터라, 1980~90년대를 주름잡던 중기업 정도의 우리와 같은 업종에 종사하던 크고 작은 기업들은 거의 대부분 문을 닫는 수준이 되었다.

'의류업'의 성장과 부흥기 상당 부분을 함께 호흡하며 몸으로 부딪힌 것이 바로 나였다. 근대 의류 산업이 호황기를 누리던 전체 40년의 기간 중 30년 정도를 종횡무진 이끈 사람이 바로 나였다. 그런데 불과 몇 년 만에 우리가 지켜내던 그 시장 구조가 마무리가 되었다는 것이 정말 믿겨지지 않았다. 한동안 찾아왔던 허탈감과 우울함을 감출 길이 없었다.

살다 보면 이렇게 갑작스런 내리막을 경험할 때가 있는 것 같다. 이건 뭐 나만의 문제는 아닐 것이다. 누구에게나 시련은 닥친다. 그것도 눈치 채지 못할 만큼 치명적이고 우울하게 말이다. 하지만 어쩌겠는가? 그것도 삶의 한 단면이며 내가 감내해야 할 인생의 장면인 것을…. 중요한 것은 한순간 흔들리고 당황할 순 있지만, 정신을 차리고 의연하게 나서야 한다는 사실일 게다. 쉽진 않겠지만 말이지.

고통도 약이 될 수 있다

정신적으로나 신체적으로 장애가 될 정도의 고통은 당연히 피하는 것이 좋을 것이다. 정신적 트라우마가 나머지 인생에 영향을 미쳐서 피할 수 없는 비극을 만들게 되는 광경을 자주는 아니지만 가끔 주변에서 보곤 한다. 그러니 삶 전체에 영향을 줄 정도의 '위협'이라고 생각되는 상황은 피하는 게 좋겠지.

하지만 일정 수준의 고통을 피할 수 없다면 의연하게 받아들일 필요도 있다. 인생에 있어 마이너스가 되는 고통이란 존재하지 않는다. 고통 없이 살 수 있다면 좋겠지만, 사실 고통 없는 삶이란 존재할 수가 없다. 다른 한편으로, 고통 없는 삶에는 발전이 존재할 수 없다. 좀 더 가치 있고 향상된 삶을 위해 고통의 개입은 반드시 필요한 과정이다.

인생이 짧다고 생각된다면 고통은 피하는 것이 좋다. 하지만 인생을 어느 정도로 시간차를 두고 즐겨야 하는 여정이라고 생각한다면 고통이 때로 필요할 수 있음을 받아들이는 것이 정신 건강상 유익하다. 그것은 진정한 행복이 무엇인지를 알게 하고 내적인 성숙함을 이룩해 나가는 과정을 관찰할 수 있게 한다. 무언의 시간을 보내면서, 그 인생을 헛되이 살아가지 않도록 하는 하나의 촉매제가 된다. 다시 한번 말하지만 그 어떤 고통도 무의미하게 스쳐 지나가지 않는다. 발전의 기틀 속에서 항상 인간을 깨어 있게 한다.

어릴 적 어른들에게 배워서 만들던 종이 연은 바람이 강하게 불수록 높이 올라가곤 했다. 강한 바람은 고통이다. 그 고통 속에서 연은 자신의 한계를 뛰어넘고 또 다시 솟구쳐 오른다. 인간적 성숙에 있어 '완전함'이란 가능하기 힘들지만, 적어도 닥쳐오는 상황들 속에 초연해질 수 있는 성숙함은 고통에 대한 의연함을 통해 가능하다.

생각해 보면, 나 역시 삶의 여러 변곡점들을 통해 내적인 강함을 가질 수 있었다. 무역 일을 하면서도 수많은 변수가 있었고 결혼 생활 속에서도 그건 마찬가지였다. 동화 속에서 나오는 '그렇게 해서 왕자님과 공주님은 행복하게 살았답니다.'는 사실 어디까지나 '동화'인 것이다. 삶은 그럴 수도 없고 그렇게 이어져서도 안된다. '철이 든다'는 말처럼 우리는 성숙한 사람으로 '물들어' 가고 의미 있는 사람으로 발전해 간다.

'남자는 군대를 갔다 와야 한다.'는 말은 괜히 생긴 말이 아니다. 물론, 군대에 가고 안 가고가 인생에 큰 영향을 줄 거냐는 식의 생각을 하게 될 수도 있지만, 그 말 자체가 담고 있는 속깊은 의미를 우리는 이미 알고 있다. 함께 살아간다는 것의 의미와 나 자신의 작은 행동이 다른 사람에게 어떤 영향을 줄 수 있을 것인지를 그토록 뼈저리게 느끼게 되는 공간은 인생 과정 중 흔치 않은 공간이다. 나는 여자이긴 하지만 그런 남자들의 경험들이 인생에 있어 적지 않은 교훈을 줄 수 있음을 인정한다.

자신의 이익만을 위해서 살아가던 사람들이 인생의 죽을 고비를 넘기고서 희한하게도 새로운 동력으로 힘차게 살아가는 모습을 보게 된다. 그리고 그런 사람들은 '인생의 의미를 알게 되었다'고들 말한다. 그런 내적인 계기와 힘은 무엇을 통해서 가능해진 것들일까? 바로 '고통'이다.

고통 자체는 정말이지 힘들다. 하지만 고통은 널브러진 삶을 추스르게 한다. 그리고 삶에 있어 무엇이 진정으로 아름답고 가치 있는 것인지를 깨닫게 한다. 게으르고 나약한 자기 자신을 의미 있고 균형 잡힌 사람이 되게 한다. 그렇게 우리는 세상을 알아간다.

강점 코칭을 위한 질문

✥ 고통이 당신에게 훌륭한 약이 되었던 적은 없나요?

✥ 고통이 유익한 결과를 가져오기도 할까요?

✥ 당신은 인생의 고통에 어떤 의미를 달고 싶은가요?

인내하기 위해
때론 잊을 필요도 있다

신이 인간에게 준 선물이 여러 가지 있지만, 그 중 매우 독특한 선물 한 가지로 꼽을 수 있는 것이 있다.

그것은 '망각'이라는 요소이다. 만약, 어렸을 때부터 아파왔던 그 수많은 고통의 기억들을 아직도 생생하게 기억하고 있다면 우리의 매일은 그 자체가 지옥일 것이다. 하지만 기억은 쉽사리 우리의 고통을 허락하지 않는다. 망각이란 기능을 통해서 일정 수준의 아픔만 허락되고 나머지는 희미한 '추억'으로 넘겨 버린다.

그런데 때론, 인위적으로 이 선물을 이용해야 할 필요도 있다. 사소한 일까지 기억에 두지 않음으로 우리는 인생에서의 많은 스트레스로부터 벗어날 수 있다. 엄밀히 말해, 뇌는 자질구레한 것들을 넣어 두는 헛간이 아니다. 아둔한 두뇌일수록 잊어버려야 할 것과 넣어 두어야 할 것들을 잘 구분하지 못한다.

잊을 것은 잊고 기억할 것은 기억할 수 있어야 한다. 물론 누군가는 "어디 그게 말처럼 되는 거야?"라고 반문할지 모른다. 하지만 그게 잘 되지 않는다 하더라도 의식적인 노력을 기울일 필요가 있다. 두뇌는 우리의 마음과 몸을 지켜주는 프로세스에서 가장 꼭대기에 위치해 있다. 만약, 우리의 머리가 깨끗하지 않다면 그 영향은 온 몸과 감정에 영향을 미치게 될 것이다. 뇌를 혼란스럽고 지치게 만들지 말아야 한다.

사실, 작은 일들까지 일일이 기억하는 것은 굉장히 소모적인 일이다. "사소한 일에 목숨 건다."는 말처럼, 작은 일들에 일일이 관심을 기울이다가는 우리의 신체적, 정신적 건강에 뜻하지 않은 영향을 주게 될 수 있다. 모든 것을 다 기억한다고 해서 좋은 두뇌일까? 결코 그렇지 않다. 좋은 두뇌란 모든 것을 기억하는 두뇌가 아니라, 건전하고 건강한 두뇌이다. 기억하되 잊어버려야 할 것은 잊을 수 있는 능력을 가진 뇌라면 건강한 두뇌라고 할 수 있을 것이다.

타고난 재능에 더하여
강점코칭으로
삶을
디자인하라

사소한 일까지 기억을 하다 보면 때론 뜻하지 않은 오해를 받게 되기도 한다. "너, 그거 여태껏 마음에 두고 있었던 거야? 나중에 앙갚음하려고 벼르고 있었던 건 아니지?" 식의 이야기를 듣게 될 수도 있다. 그런 오해를 만들어서 좋을 게 없다. 뇌를 골칫거리로 만들어서는 안 될 것이다.

건강한 몸을 정의하는 방식은 명확하다. 음식물을 섭취하고 나면 꼭 필요한 영양분만 취하고 나머지는 배설시키는 기능이 매우 잘 이루어지는 몸인 것이다. 불필요한 영양을 몸의 이곳저곳 저장해 놓거나 독소를 만들어서 축적해 놓는 몸을 건강한 몸이라고 부르지 않는다. 마찬가지이다. 삶에 유익한 기억들, 꼭 필요한 것들을 기억하고 나머지 것들을 호방하고 호탕하게 넘겨 버릴 수 있는 두뇌가 진정으로 건강한 머리라고 할 수 있다. 잘 되지 않는다면 의식적으로 노력해 보는 것도 좋다. 자질구레한 일들에 자신의 감정과 매일의 컨디션을 맡겨야 할 이유가 전혀 없다. 머릿속을 온통 그런 것들로 어지럽혀 놓게 되면 나중에 이것을 치우고 정리하느라 많은 노력을 기울이게 된다. 그것은 또 다른 의미의 낭비이다.

인생을 제자리걸음 하게 하는 그 어떤 것들에서도 벗어나겠다고 결심하기 바란다. 우리의 삶은 소중하니까 말이다.

강점 코칭을 위한 질문

✦ 이 순간 잊고 싶은 일이 있나요?

⊕ 가장 당신을 힘들게 했던 고통의 기억은 무엇인가요?

⊕ 망각이 신이 준 선물이라는 생각은 해 보지 않았나요?

⊕ 잊는 것이 유익하다고 할 수 있는 이유는 무엇일까요?

'이 또한 지나가리라'

많고 많은 일들이 인생 가운데서 일어나지만, 변하지 않는 사실이 있다. 그것은 '모든 것이 스쳐 지나간다'는 사실이다. 좋은 것, 나쁜 것, 고통, 거절, 실수…. 이 모든 것들은 내 인생에 하나의 자국을 남기긴 하지만 잠시 다가왔다가는 사라지는 것들이다. '시작과 끝'은 모든 것들에 일어나는 현상이다. 그리고 그것은 자연스럽다.

앞서 언급했던 대로, 모두에겐 양면성이 있다. 그러하기에 한 가지 감정만이 우리의 마음을 지배하지는 않는다. 사람이라면 누구에게나 행복, 슬픔, 질투, 우울, 분노 등의 감정을 경험하는 시기가 온다. 그리고 그런 경험들은 이후 추억이나 소소한 이야깃거리가 된다. 그때의 것들은 모두 어디로 가버린 걸까? 분명한 것은 그것들 모두가 '지나가 버렸다'는 것이다.

나 스스로를 생각하면서 대견하다는 생각이 드는, 좀 뚱딴지같은 경우가 있다. '그 모든 일들을 지금까지 어떻게 감내하면서 살아왔을까?' 하는 생각이 드는 순간이다. 당신은 그런 느낌이 들었던 적이 없는가? 나만 그런 건가? 아마도 그건 아닐 거라고 생각한다. 모든 것들은

'지나가고, 사라진다'는 사실을 삶을 통해 받아들일 때, 삶을 비로소 원숙해지고 자유로워진다.

인정하지 않을 수 없는 점은 '기쁨의 순간'이 비교적 짧다는 것이다. 그것이 영원히 지속되기를 기대하지만 그런 일은 일어나지 않는다. 힘들고 고통스러울 때는 어떤가? 아마도 그것이 당장 사라져 주기를 바랄 것이다. 하지만 바라는 대로 잘 그렇게 되지 않는다. 그것은 그냥 희망사항일 뿐인 것이다. 이렇게 말하고 보니 한 가지 사실이 명확해진다. 모든 것들이 잠시 머물고 '지나갔다'는 사실이다.

삶이 여러 가지 일들의 연속이며 그런 것들은 예외 없이 나에게 머물다 '사라진다'는 사실을 '인식'한다면 우리는 일어나는 상황들을 원숙하게 관망할 수 있는 여유를 가지게 될 것이다. 현재의 순간은 시간과 함께 흘러가 버린다. 그리고 계속 그 자리를 다른 것들이 메우고 있다. 우리가 삶을 기대어린 마음으로 살아갈 수 있는 이유는 힘듦 속에서도 늘 새로운 일들이 우리 앞에 있다는 사실 때문일 것이다.

행복한 시간이 가져다주는 즐거움을 마음껏 누리고, 오게 될 것을 기대하며, 있을 수 있는 변수들을 원숙함으로 받아들일 수 있다면, 우리는 변화무쌍한 삶의 순간들 속에서도 평온과 여유를 가질 수 있을 것이다. 어떠한 고통이나 불쾌감도 나를 스치고 지나가는 하나의 현상임을 기억한다면 우리는 더 훌륭히 삶을 버텨 나가며 인내할 수 있다.

역경은 힘겹지만, 우리를 더 성장하게 한다. 역경은 스쳐 지나가면서 우리에게 그런 흔적을 남기는 것이다. 일어나는 현상들이 어떤 흔적을 남기게 될는지는 전적으로 우리 각자에게 달려 있다. 삶을 대하는 자세, 태도, 관점은 우리를 만들어 스스로가 어떤 종류의 사람인지를 드러내게 될 것이다.

그렇게 우리는 충분히 위대한 사람이 될 수 있다.

강점 코칭을 위한 질문

⊕ 모든 것이 지나가는 순간일 뿐이라는 사실은 당신에게 위로가 되나요? 아
   니면 안타까움이 되나요?

⊕ 삶에 있어 의연함을 유지할 수 있는 힘은 어디서 오는 걸까요?

타고난 재능에 더하여
강점코칭으로
삶을
디자인하라

미래 지향력

"기꺼이 무언가를 시도하게 하는 것은 호기심에서뿐만이 아니라 앞으로가 잘될 거라는 기대에 기인하는 경우가 많다. 성취와 성공의 원천은 바로 여기서 나온다고 해도 과언이 아니다. 사람은 이것을 통해 불명확한 미래에 대해 좋은 느낌을 가질 수 있다."

세상이 굴러가는 한, 변화는 계속 일어난다

의류 무역업이 변화를 겪던 그 시절, 우리와는 아무 상관없던 '제조업' 자체에도 변화가 있었다. 디지털이 투입되면서 원가 구조가 줄어들 수밖에 없었다. 사람들이 수작업을 하던 일들의 많은 부분들을 기계가 대체하면서 직장을 가졌던 많은 사람들이 직장을 잃어버리게 되었다. 말은 해서 뭣하겠는가? 지금의 40대~60대들은 모두 이 시기를 겪었다. 사회가 변화하는 속도에 자신을 제대로 적응시키지 못한 사람들은 많은 수가 좌절과 혼란을 경험해야 했다.

1984년 서울의 '버스 안내양'이 불과 한두 달 만에 모두 사라진 것처럼 직업군 자체의 소멸은 해당 직종에 종사하던 사람들에게는 저항할 수 있는 수준의 것이 아니었다. 내가 그 당시 하고 있던 의류 무역업에 있어서도 내가 맡고 있던 직업군 자체가 사라졌다는 사실은 믿겨지지 않을 만큼 참담한 현실이었다. 솔직히 초기에는 믿고 싶지 않았고, 어떻게든 이겨내 보겠다고 발버둥을 쳤던 것도 사실이었다.

한편으로, 사회적 흐름의 굴곡을 경험하고 보니, 글로벌 시대의 일원으로서 지구촌이 어떻게 변화되는지를 기민하게 살피지 않으면 안 된다는 생각을 한다. 하지만 변화하는 세상 속에서 '헉헉'거리며 적응만 하는 것이 능사는 아닐 것이다. 세상의 흐름과는 무관하게 조화로운 자신만의 색을 만들어 내면서 스스로를 확장해 나가는 것이 필요하다. 그래야 어떤 시류적 변화를 겪더라도 끝까지 살아남을 수 있을 것이다. 그런 창조적 존재들에게 '생존'이란 당연한 것이며 있을 수밖에 없는 수순이다.

모든 일을 겪어 온 지금에 와서 느끼는 것은 '세상이 존재하는 한 변화는 계속 일어난다'는 사실이다. 저항한다고 해서 혹은 현실 부정을 한다고 해서 달라지는 것은 없다. 변화를 탓하거나 당황해 하기보다는 있는 그대로 받아들이며 '생존'이라는 화두에 집중하는 것도 필요한 부

타고난 재능에 더하여
강점코칭으로
삶을
디자인하라

분이라는 생각이 든다. 아무리 힘들고 어려워도 그 상태로 주저앉을 순 없기 때문이겠지. '의연함'은 그래서 필요한 거라는 생각이 든다.

강점 코칭을 위한 질문

⊕ 당신은 세상이 변하고 있음을 느끼고 있나요?

⊕ 변화 속에 우리는 존재하는 모든 것들을 얼마큼 이해하고 알 수 있을까요?

⊕ 모든 것들이 변한다는 사실이 당신의 머리와 가슴에 어떤 의미 있는 메시지로 다가오나요?

경제를 보는 눈, 관점부터 바꾸라

유대인들은 신이 인간의 얼굴을 단 한 명도 같지 않게 만들었다는 사실에 의미를 둔다. 그들에게 있어서 이것은 인간이 모두 강력한 창조주의 능력을 골고루 나누어 가진 것을 의미한다. 그만큼 그들에게 인간의 다양성은 존중받아야 할 부분으로 간주된다. '다름'을 '틀림'으로 보는 것에 쉽게 동요되는 우리 주변의 상황들은 이런 면에서 비추어 보았을 때 좀 안타까운 측면이 많다.

그들은 회사나 특정 커뮤니티에서 의견 제시를 할 때, 높고 나이 많은 사람보다는 젊고 낮은 지위의 사람들에게 먼저 이야기를 꺼내도록 한다. 그런 방법으로 그들은 막힘없고 눈치 보지 않는 참신한 아이디어를 이끌어낸다. 가부장적인 사회에서는 이해되기 힘든 모습이라고 할 수 있다. 한편으로 그런 생각도 든다. 이렇게 의견 표명의 기회를 충분히 주게 되면 불만의 요소를 줄일 수도 있고, 나중에 '약자의 입을 막았다'는 식의 비난도 피할 수 있다고 말이다.

유대인의 경제관념에 있어서 제일 중요하게 생각되는 것 중 하나는 '자선'이다. 물질적 부를 만드는 것이 혼자만의 능력으로 이루어지는 것은 아니라는 것을 알기 때문에 물질을 축적한 만큼 다른 사람에게 '자선'을 통해 되돌려 주어야 한다고 어릴 때부터 배운다. 그들에게 있어서 자선은 '특별히 베푸는 배려'가 아니라 '당연한 일상'이다. 세계를 주무르는 리더들이 유대인들 가운데 많은 이유는 어쩌면 이런 나름의 이유가 있어서인지도 모르겠다.

유대인들은 '자선'과 '선행'이 그들의 영혼과 함께 영원히 지워지지 않는 불멸의 기록으로 남는다고 생각한다. 인생 가운데 자선이나 선을 행하는 것은 이후의 삶에서 축복을 받게 하는 이유가 된다고 여기는 것이다. 그들은 자신들의 '자선 행위'를 '쩨다카'라고 부른다. 이것은 단지 '자선'이 '좋은 행위'라는 차원의 이야기가 아니다. 유대인들에게는 꼭 지켜야 할 세 가지 의무가 있는데, 테슈바(회개), 트필라(기도), 그리고 우리가 지금 이야기하고 있는 '쩨다카'가 바로 그것이다.

물론 그들도 인간이기에, 개개인으로 보았을 때 그들 중에는 인색하거나 깍쟁이 같은 사람들도 있다. 하지만 '의무'라고 명시된 '쩨다카'를 실천하기 위해 그들은 형식적으로라도 가난한 자들이나 국제단체, 회당, 교육기관 등에 기부금을 낸다. 이런 문화는 사회적 약자들에 대한 배려

형태로 나다나세 뇌고 사회를 더 건강하고 살만한 곳으로 만든다.

유대인이 가진 특성 중 조금은 이질감을 가질 수도 있는 또 하나의 문화가 있다. '하부루타' 문화의 확장된 형태인 '후츠파' 정신이다. '후츠파'라는 말을 곧이곧대로 해석하면 '무례한, 뻔뻔한, 당돌한'이라는 의미를 가지고 있다. 조금은 이상하다고 여길지도 모르지만, 유대인들 문화 가운데서는 '후츠파 정신'이 없는 사람은 유대인 젊은이가 아니라고 말할 정도로 이 문화를 당연하게 여긴다.

간단히 말하자면, '후츠파 정신'이란 상대방이 '노NO'나 '안 된다'고 말할 때 이에 굴복하지 않고 끊임없이 설득하고 도전해서 '예스'라는 승인의 메시지를 얻어내는 것을 말한다. 그들의 이러한 정신은 환영받지 못하거나 인기가 없는 일이라 하더라도 자신의 일이라면 끝까지 관철해서 좋은 결과들을 만들어 내는 밑바탕이 된다.

유대인들은 시장이나 거래에 있어 반드시 가격을 깎는다. 물건을 파는 사람이 로봇이 아닌 이상 반드시 흥정할 수 있다고 생각한다. 하지만 일단 거래가 성립되면 대금 기일을 미루거나 어기는 일을 좀처럼 하지 않는다. 그들에게 있어서 신용이란 거의 '생명'과도 같은 일로 간주된다. 자신의 잇속을 먼저 챙기면서 신용은 먼 나라 이야기처럼 여기는 사람들에게 이런 모습들은 경종을 울린다.

그들에게 있어 '부자'라는 사실은 단순히 주머니나 통장에 '돈이 많은 것'을 의미하지 않는다. 그들에게 '부유함'이란 현실을 바라보는 '관점'이다. 당연히 그런 생각을 하다 보니, 그들은 현실 안에서 관점을 달리하면 얼마든지 부를 만들 수 있다고 여기고 있다. 실제로 그들은 전 세계에서 부를 가장 빨리 이루는 사람들이기도 하다. 부는 그들에게

'결과물'이 아니라, '삶의 방식'이기 때문에 그들은 물질에 대해서 비교적 유연한 시각을 가지고 있다. 그러고 보면, 마음먹는 것에 따라서 혹은, 삶을 보는 관점에 따라서 인생이 충분히 달라질 수 있다는 이야기는 뜬구름 잡는 식의 '이상理想'에 불과한 것은 아닐 거라는 생각이 들기도 한다.

유연한 사고가 가능한 유대인에게도 대화의 화제로 삼지 말아야 할 금기 요소가 있다. 그들은 전쟁, 종교, 음담을 대외적인 관계에 있어서 대화의 주제로 꺼내지 말아야 할 것들이라고 생각한다. 이 금기를 지킬 필요성은 개인적으로 생각할 때, 우리 한국에서도 마찬가지가 아닐까 싶다. 사람들을 추하게 하거나 지치게 하는 이야기들은 거의가 종교, 정치, 그리고 성적인 것들과 관련된 이야기이다. 논쟁과 토론을 좋아하는 그들에게 이 정도의 금기를 정해 놓은 것은 꽤 지혜로운 생각이라는 느낌이 든다.

유대인들의 세계적인 부나 그들이 가진 영향력들은 그들에게 있어 열린 관점과 토론 문화가 얼마나 큰 영향을 주었는지를 알게 하는 대목이다. 그들만의 성숙한 토론의 암묵적 형식들은 불필요한 오해를 피하고 더 큰 성장을 가능하도록 해 주는 발판이 되었다. 그들 가운데 노벨상 수상자나 세계적인 석학들이 많은 것에는 나름의 이유가 있다. 코칭이 가진 자율적이고 개방적인 소통, 네트워크 소통 등은 이미 그들이 가진 오랜 전통 속에 녹아 있다. '지금' 일어나고 있는 주변의 모든 현상들의 의미를 이해하기 위해 노력한 그들의 모습들은 그들을 세계에서 가장 강력한 사람들로 만들어 놓았다.

유대인들의 세계관을 이해하게 되면서 개인적으로는 참 많은 깨달음이 있었다. 열린 관점에 의한 토론이 자신의 정체성을 흩트리는 것이 아니라, 오히려 스스로를 분명하게 하고 다른 사람에 대한 자신의 영향력을 배가시키는 결과들을 가져온다는 것도 알게 되었다. 30년 정도의 시간, 유대인들로부터 배우고 관찰했던 것들을 몇 장의 지면으로 전부 표현하기엔 무리가 있다. 하지만 스스로를 변화시키고 발전해 나가려는 사람들에게 이런 유의 검토는 분명히 가시적 유익이 있다고 생각한다.

오늘을 살아가는 나에게 스스로 되뇌어 본다. 나는 어디로 가고 있으며 어떤 정체성을 소유하고 있는지… 분명한 것은, 내가 가진 방향성이나 정체성도 중요하지만 그것들을 찾아나가는 방법들도 본질 못지 않게 중요하다는 사실이다. 어쩌면 그것 자체가 이미 '본질本質'의 일부인지도 모른다. 아니 분명 그럴 것이다.

강점 코칭을 위한 질문

✦ 경제적 관념에 눈뜬다면 우리의 삶도 바뀔 수 있을까요?

✦ 희망과 기대가 우리에게 중요한 이유는 무엇일까요?

✦ 당신에게 경제적으로 현재의 상황을 타개할 희망이 있다고 생각하나요?

분명하고 목표의식이 뚜렷한 꿈은
열매를 만든다

나에겐 아주 사랑스런 딸이 있다. 솔직히 말해, 사업을 일궈나가면서 재정적 필요에 더해 엄마로서 가족들 개개인의 감정적 필요를 돌보는 일에 나름의 노력을 하긴 했지만, 돌아보면 아쉬움이 많이 남는 시간들이었다. 그도 그럴 것이 남들은 한 가지 일을 하기에도 숨이 가쁘다고들 하는데, 나는 전체 가정사를 돌보는 일에 더해 재정적인 책임까지 떠맡고 있었으니, 마음속 아쉬움은 어쩔 수 없는 것이었는지도 모른다.

조금은 맘 아픈, 아니 나에게는 사무치는 느낌이 들 정도의 스토리가 있다. 딸아이는 7살 때까지 할머니 댁에서 살았다. 워낙에 바쁜 생활을 하고 있었던 나는 딸아이의 정신적, 물질적 필요를 돌보는 일을 부분적으로 다른 사람에게 맡길 수밖에 없었다. 딸아이는 그렇게 광주에서 어린 시절을 보냈다. 그래도 가족이고, 손주이니 딸이 그런대로 할머니 밑에서 '보통의 아이'로 잘 지켜지고 보호받으며 커줄 거라는 생각이 있었다. 그냥, '믿거니' 하는 마음이 있었던 게 사실이었다.

하지만 현실은 달랐다. 할머니는 아이에게 글을 가르치지 않았고, 적어도 내가 보기에는 일반의 아이들에 비해서 제대로 교육이 이루어지지 않은 듯한 느낌이 들었다. 상황이 어느 정도 파악된 것은 아이를 학교로 데려가기 위해 서울로 데려왔을 때였다. 그때서야, 아이와 관련된 '필요'가 제대로 채워지지 않았다는 게 감지되었다. 서울에 와서 날고 기는 아이들 사이에서 딸아이는 주눅이 들어 했다. 어쩐 일인지 다른 아이들과 섞여서 제대로 관계를 맺어가며 잘 적응을 해 나가는 것 같지가 않았다. 적어도 엄마가 보는 입장에서는 그랬다.

그렇게 주눅이 들었던 탓이었을까? 지능적으로나 가지고 있는 재

타고난 재능에 더하여
강점코칭으로
삶을
디자인하라

능적으로 부족함이 있는 아이가 아니었는데, 더하기 빼기를 제대로 하지 못했다. 눈으로 확인되는 겉모습으론, '나는 못한다'는 강박관념이 아이에게 느껴지기도 했다. 지금이야 너무 고마울 정도로 구김살 없이 커주긴 했지만, 당시 그 어린 아이에게 제대로 된 '사랑'을 받지 못하고 성장하게 한 것 같아 내심 마음이 아픈 게 사실이다. 가끔은 그때의 상황들이 떠올려지면서 미안함과 안타까움에 눈시울이 뜨거워질 때도 있다. 스스로를 사무치게 자책할 정도로 나는 아이들을 많이 사랑하고 있다.

딸아이는 성장해 나가면서 '방송'에 자신의 꿈을 두었다. 한번은 학교에서 방송국 견학을 갔었는데, 그곳에서 즉석 멘트를 하고 주변 사람들로부터 박수를 받기도 했다. 아마 그때부터였던 것 같다. 아이는 방송계 쪽의 일이라면 유독 많은 관심을 보였다. 초등학교 시절에는 방송반에 들어가서 자신에게 숨겨졌던 재능을 뽐내기도 했다. 그렇게, 아주 어려서부터 가졌던 그 아이의 열정과 목표 의식은 성장하는 동안 시종일관 꾸준히 계속되었다. 자신이 원하는 분야에서 일하기 위해 열심히 공부하고 노력하는 것이 눈으로 보였다.

지금 딸아이는 제주 방송국에서 기상 캐스터로 일하고 있다. 보통 기상캐스터들은 정규직이 아니라 부분 계약직으로 일하는 경우가 많은데, 딸은 정규직 사원으로 아주 열심히 일하고 있다. 어릴 적 '부족했던 사랑'을 생각하면 너무나 훌륭하게 성장해 준 아이가 참 많이 고맙다.

분명하고 목표의식이 뚜렷한 그 아이의 열정이 현재를 만들었다는 생각을 한다. 초등학교 시절 '방송반'에서 활약할 때부터, 그 아이는 이미 '미래'를 살고 있었는지도 모른다. 중학교, 고등학교 시절을 거쳐 대학교 때까지 아이의 목표는 바뀌지 않았다. 정해진 푯대를 향해 열심히 달려가는 경주 선수처럼 무던한 꾸준함을 보였다. 어쩜, 독립심이 강하고 책임감이 강했던 그 아이의 좋은 특성이 '지금'을 만들었는지도 모른다.

현재를 살아가는 젊은이들에게 해 주고픈 말이 있다면, '자신의 진정한 꿈을 향해 막힘없는 노력을 하라'는 것이다. 물론, 상황의 변화로 곁눈질도 하고 때론 내적인 갈등이 생길 수도 있겠지만, 자신의 주된 관심과 목표는 계속되어야 한다. 자신이 원하는 목표를 향해 꾸준히 노력하다 보면 좋은 열매들을 거두게 될 거라고 나는 믿는다.

'진짜로 내가 좋아하는 게 무엇인지'에 대한 물음이 필요하다. 그런 진지한 물음이 없이는 자신의 내면을 살필 수가 없다. 거기에 더해, 목표를 이루어 가는 자신의 태도 역시 검토해 보아야 한다. 쉽게 가거나 돌아가려고 하지는 않는지, 목표를 이루기 위해 필요한 상황이나 노력을 피하고 있지는 않은지 자신에 대한 끊임없는 자문을 할 수 있어야 한다. 꿈을 이루기 위해 문제들에 직접 부딪혀 해결하려는 용기를 가지고 있어야 할 것이다.

꿈은 '노력하는 자'를 위해 예비된 '면류관'이다. 꺾이지 않는 꾸준함이 내면에 존재하는 한, 나의 꿈은 언제나 자신의 영혼 속에 함께 살아 있으면서 스스로를 빛나게 할 준비를 하고 있다.

강점 코칭을 위한 질문

✦ 뚜렷한 목표의식은 희망과 어떤 관련이 있을까요?

✦ 당신은 지금 어떤 꿈을 꾸고 있나요?

✦ 그 꿈의 시작과 끝의 주인은 누구인가요?

타고난 재능에 더하여
강점코칭으로
삶을
디자인하라

리더십

"더불어 살아가는 세계 안에서 누군가를 이끌고 카리스마적 지도력을 발휘할 수 있다는 것은 매우 빛나는 특성이라고 할 수 있다. 집단의 과제를 완수하고 함께 공동의 이익을 위해 배가된 에너지를 이끌어 내기 위해서 바로 이 강점은 매우 훌륭한 역할을 한다."

잘못을 지적하면
판단 받게 된다

우리의 삶에서 중요한 화두 두 가지가 있다. 하나는 '나 자신은 옳은 일을 하기 원하는가?' 하는 것이고 다른 하나는 '나는 행복하기를 바라는가'하는 점이다. 물론, 옳은 일을 함으로 행복해질 수 있다고 하는 사람도 있다. 그리고 어느 정도는 맞는 말이기도 하다.

하지만 대개 이 두 가지는 서로 배타적인 면이 있다. 방어적이고 스스로의 정당성을 입증하기 위해 노력하는 과정은 피곤한 일이다. 옳다는 것은 절대적이지 않다. 나에게 옳은 일들이 다른 이에게는 그리 보이지 않을 수 있다. 어떤 문화에 있느냐도 큰 관건이다. 한 분야의 문화는 다른 문화권에서 '악'으로 보일 수 있는 여지를 충분히 가지고 있다.

그러므로 '자신'에게 '옳다'는 것은 많은 맹점을 가지고 있다. 별도의 의미부여와 스스로에 대한 구구절절 담백하지 않은 설명이 필요하다. 이런 식의 모습들은 때때로 사람들로부터 자신을 소외시킨다. 상대방으로 하여금 방어적인 태도를 취하게 만드는 것이 바로 '옳은 것'에 대한 논란이다. 사람은 누구나 자신을 방어하는 데 큰 압박감을 느낀다.

많은 사람들이 자신이 옳다는 것, 그리고 다른 사람이 틀렸다는 사실을 증명하거나 정의 내리기 위해 많은 시간과 에너지를 사용한다. 어쩌면 인류 역사상 가장 많은 에너지는 바로 이런 것들에 의해 낭비되거나 사용되는지도 모른다. 어떤 사람들은 타인에게 자신의 입장이나 관점이 다르다는 것을 알려 주는 것을 스스로의 책무이자 의무로 생각하기도 한다. 그리고 그런 것들을 지적해 주면, 상대는 감사하게 생각하거나, 혹은 적어도 뭔가를 배우거나 개선할 수 있는 기회를 주는 것이라고 생각하기도 한다. 하지만 이건 생각의 오류이다.

누군가에게 단점이나 잘못을 들은 다음 늘 언제나 좋은 결과가 나오지는 않는다는 것을 우리 모두가 알고 있다. 상대방 역시 자신이 옳디는 깃을 입증하려는 생각을 가진 존재라는 사실 때문이다. 그리고 그 역시 나름의 이유 때문에 스스로의 삶을 만들어 가고 있는 존재라는 점이다. 어쩌면 사람은 무엇이 옳으냐의 관점보다 무엇이 자신의 기대치나 만족감에 부응하느냐에 더 민감한지 모른다.

"옳은 것이 뭔지 알려 줘서 정말 고맙다."고 즉시 말하는 사람을 본 적이 있는가? 사실, 그런 경우의 수가 나오기는 힘들다. 오히려 정당성과 관련해 상대의 입을 틀어막으면 "그래, 니 팔뚝 굵다!" 식의 견제적 입장이 나오기 쉽다. 우리 모두는 누군가의 지적에 따라 잘못을 고치는 것을 좋아하지 않는다. 만약 스스로를 개선해야 한다면 '내적 깨달음'에 의한 것이 되길 더 바란다. 자신의 생각이 다른 사람들로부터 존중받고 이해받는 상황을 더 많이 원한다. 어쩔 수 없다. 그게 사람이기 때문이다.

오히려 우린 우리가 판단하는 그 '판단'으로 또 다른 판단을 받게 될 것이다. 하지만 말은 쉽고 실천은 어렵다. 그건 피할 수 없는 사실이다. 그러다 보니, 나의 판단에 나의 행동을 일치시킬 수 있는 사람은 거의 없다고 봐도 무방하다. 되레 나 자신이 판단 받게 되는 상황을 나 자신이 만들고 있는 것인지도 모른다.

경청의 방법을 터득하는 것이야말로 가장 사랑받고 존중받는 사람이 될 수 있도록 하는 열쇠이다. 물론, 이것은 자신이 옳다는 주장을 아예 하면 안된다는 이야기는 아니다. 삶을 살아가면서 이건 분명 필요한 과정이다. 사람들에게는 결코 양보할 수 없는 가치관적인 삶의 모습들이 있다. 사람들은 가치관을 가지고 있을 때 비로소 빛나는 존재가 된다. "그래, 그럼 네가 말하려는 게 뭐야?라고 말하는 사람이 있을지 모른다.

내가 말하고 싶은 것은 상대에게 있어 그 스스로가 옳다는 기쁨을 느낄 수 있도록 허용하라는 것이다. 달리 표현하자면, 그에게 남다른 모습과 특출남이 있다는 것을 인정해 주라는 것이다. 때론 누군가에게 지적이 필요할 수 있지만, 이것을 습관화하지 말아야 한다. 이것은 실천할 만한 가치가 분명 있는 일이다. 상대의 생각이 틀리다는 것을 지적하지 말고, 그냥 그대로 그들의 말이 일리가 있다는 생각을 갖도록 내버려두어 보는 것이 필요하다.

인생을 살아가면서 우리는 많은 사람을 마주하게 된다. 하지만 자신의 생각과 다른 그런 사람들을 대하면서 자신의 정당성을 입증하려고 하거나 타인의 잘못을 지적하려고 하지 않음으로 우리는 그의 친구가 될 수 있다. 우리는 다른 사람들의 행복을 바라보면서 자신 역시 기쁨 가운데 있게 되는 것을 목격하게 될 것이다.

강점 코칭을 위한 질문

✥ 리더들이 섣불리 타인을 비판하지 말아야 할 이유는 무엇일까요?

✥ 잘못을 지적하는 것은 나쁜 일일까요?

✥ 자신 스스로 판단 받지 않기 위해 배양해야 할 특성은 무엇일까요?

✥ 당신이 생각하는 모범적인 리더는 어떤 유의 사람인가요?

타고난 재능에 더하여
강점코칭으로
삶을
디자인하라

리디에게
'성취'만큼 '과정'도 중요하다

성급하게도 우리는 종종 '결론'이나 '성취'에 집중하곤 한다. 삶에 있어 뭔가를 이룩한 사람들을 존경하고 따르며 그들을 멘토로 생각하곤 한다. 하지만 주의해야 할 것이 있다. 너무 목표 지향적이 되어 과정을 소홀히 하는 누를 범하지 말아야 한다는 것이다. 행복이란 목표 도달 지점에 있을 수도 있지만, 목표를 향해 가는 과정 속에 더 많이 숨어 있다.

결론에 가서 나중에 모든 것이 보상받을 수 있다는 생각이 있기 때문에 사람들은 현재의 고통을 감내하곤 한다. 하지만 우리에겐 과정역시 중요하다. 나중에 가서 승리의 기쁨을 맛볼망정, 과정이 엄청난 고뇌의 길을 필요로 한다면 그 삶을 결과만 놓고 평가될 수 있을까? 만약, 그렇게나 많은 눈물을 삼키며 노력했는데, 결과가 영 신통치 않다면 그 인생은 쓸모없는 것이 되는 것인가?

과정이 중요하고 값진 이유는 바로 거기에 있다. 인생에서 성취가차지하는 부분은 과정에 비하면 너무나 짧다. 그런데 인생의 상당 부분을 배제하고 결론만을 바라봐야 한다면 그것만큼 허무한 것도 없을 것이다. 지나친 목표 지향적 삶은 허탈한 느낌을 갖게 되기 십상이다. 목표 성취 이후의 환희는 일반적으로 노력과 과정에 비해 매우 짧다. 삶의 의미를 그 짧음에 둘 순 없지 않겠는가?

목표 성취가 바로 행복으로 연결될 거라는 보장도 없다. 행복이 '성취' 속에만 몰려 있다고 생각하는 것 자체가 삶을 우울하게 할 수 있는 위험한 발상이다. 짜릿함과 떨 듯한 환희가 있을 수는 있겠지만, 인생의 행복은 그런 클라이막스로만 이루어지지 않는다. 오히려 삶을 지탱하는 일상의 행복은 '과정' 속에 있다. 목표를 가지고 있다는 것 자체가 행복이며 그 목표를 위해 노력할 수 있다는 것 자체가 의미 있는 일이다.

사람은 행복을 좀 더 많이 느끼고 싶어한다. 인생의 묘미와 행복의 깊이를 알고 싶다면 과정의 아름다움도 올곧게 느낄 수 있어야 한다. 많은 사람들이 우울해 하는 이유는 어쩌면 인생의 많은 부분을 성과 지향적으로 살고 있기 때문인지도 모른다. 집을 장만했을 때 느껴지는 행복이 중요하지만 집을 마련하기 위해 노력하는 과정 속에 인생은 더 많이 살아 숨쉬고 있다.

인생이나 삶이라는 것 자체가 '과정'이 얼마나 중요한지를 드러낸다. 우리의 행복은 지금도 현재 진행형이다.

강점 코칭을 위한 질문

✦ 리더에게 있어 성과나 결과보다 과정이 중요하다고 할 수 있는 이유는 무엇일까요?

✦ 당신도 결과보다는 과정이 중요하다고 생각하나요?

✦ 결과에 치중하여 리더답지 못한 태도를 하게 된 것을 자신에게서 본 적이 있나요?

타고난 재능에 더하여
강점코칭으로
삶을
디자인하라

목적 추구력

"단순한 인내나 추진력만으로는 미래를 열어 갈 수 없다. 언제나 목적을 가지려는 내면의 방향성이 중요하다. 끝없이 자신의 삶에 목표를 가지려는 이러한 특성이야말로 미래를 이끌어 가고 발전하게 하는 중요한 특성임을 알게 된다."

삶의 모든 장면들에는
목적이 있어야 한다

       '폴 부르제'는 "생각하는 대로 살지 않으면 사는 대로 생각하게 된다."는 말을 했다. 이 말은 우리가 살아가는 매순간 생각의 방향성이 깃들어 있어야 한다는 말이다. 다시 말해, '목적을 추구하는 삶'이 우리 인생의 바탕이 되어야 함을 지적하는 것이라 할 수 있다.

물론, 휴식을 취하고 간단한 여가를 보내는 일에도 심각한 '의미부여'를 해야 한다는 것은 아니다. 단지, 우리의 모든 활동들은 각기 나름의 규모 있는 이유나 근거가 있다면 유익할 것이다. 예를 들어 우리의 휴식은 더 가치 있는 것들을 수행하기 위한 평온의 시간이어야 한다. 물론 뭐, 아무 생각 없이 쉬어도 괜찮다. 다만 우리의 행동들이 삶의 규모와 정형성을 일그러뜨릴 만큼 생각 없는 것이 되어서는 안 된다는 의미이다.

생각 없이 살고, 생각 없이 시간을 보내는 동안 우린 인생을 낭비하게 된다. 규칙적이고 빠듯할 필요는 없겠지만, 자신의 삶에는 나름의 방향성과 의미가 있어야 한다. 이것은 이미 벌어진 일들에 의미를 부여해서 자신의 삶을 특별하게 만드는 것과는 다르다. 자신을 특별하다고 생각하는 많은 사람들이 바로 이와 같은 행동들은 한다.

'목적 있는 삶'을 산다는 것은 스스로 삶의 방향성을 만들고 그것에 근거해서 일상의 장면들을 꾸려가는 것을 의미한다. 자아도취에 찌든 사람들이 하는 삶의 '의미부여'는 그 자체로 순서가 바뀐 것이라 할 수 있다.

'목적이 이끄는 삶'은 '되는 대로 사는 삶'과는 전혀 다른 국면을 만날 수밖에 없다. 목적을 통해 만들어진 삶의 장면들은 이따금씩 기회와 행운을 잡아챌 수 있게 되지만, 되는 대로 사는 삶은 그 기회조차 알아챌 수 없기 때문이다. '목적을 추구'하려는 개인의 강점은 삶을 더 알차고 풍요로운 것이 되게 한다.

이것은 꼭 부유하게 사는 것을 의미하지는 않는다. 하지만 이 강점을 가진 이들이 소유한 내면의 만족과 뿌듯함이라는 의미에서 진정 '풍요롭다'고 표현될 수 있다. 목적이 이끄는 삶의 모습이야말로 인간이 가질 수 있는 가장 아름다운 모습이 아닐까 생각한다.

강점 코칭을 위한 질문

✤ 당신의 삶의 대전제를 이루는 방향성은 무엇인가요?

✤ 목적 있는 삶을 사는 것과 관련하여 당신은 스스로에게 자존감을 가지고 있나요?

✤ 삶의 목적과 방향성을 가지는 것이 스스로에게 진정 도움이 된다고 생각 하나요?

추진력이나 인내에는
나름의 방향이 있어야 한다

개인을 더 의미 있고 쓸모 있는 사람이 되게 하는 것은 성실, 인내 등의 특성만으로 충족되는 것이 아니다. 올바른 방향성이 없다면 그 모든 노력들은 사실상 무의미한 것이 될 수 있다. 요즘 들어 매스컴에 의해 각 분야의 리더들이 하는 말을 들어 보면, '인생은 스피드의 문제가 아니라, 방향성의 문제'라는 말을 종종 한다. 그만큼 '어떤 선택을 하느냐'는 인생에 있어 빠질 수 없는 중요 사안임을 알 수 있다.

이전 세대들, 그리고 요즘에도 학교나 각 교육 프로그램에서 성실한 노력이나 참을성, 인내에 대한 이야기들을 많이 한다. 사실, 지금 기성세대인 부모님 세대엔 못 먹고 못 입는 사람들이 압도적으로 많았었다. 그런 시절 '열심히' 일하고, 자신의 필요를 억눌러 가면서 '참는 것'은 사실상 하나의 미덕이었다.

하지만 지금은 그렇지가 않다. '개인의 특성 발휘'의 중요성이 부각되고 있는 요즘, 삶의 '방향성'을 검토하는 것은 그 무엇보다 뜨거운 '화두'이다. 번듯한 직장에 다니면서 가족 부양을 할 수 있을 정도의 안정감을 가지는 것이 이전 세대의 '드림'이었다면, 다각화된 사회 내에서 개인의 역량과 가치관을 마음껏 발휘할 수 있는 포지션을 가지는 것이 요즘의 트랜드가 되고 있다.

결국, 사회가 발전하게 되면서 더욱더 중요한 '강점'으로 부각되는 것은 단연 '목적을 추구'하려는 인간 본연의 특성임을 알게 된다. 아마 시간이 지나면 지날수록 이 면의 중요성은 더 많이 강조될 것으로 보인다.

사람에게 있어서 '삶의 방향성'이 중요한 이유가 있다. 일단 삶의 장면들이 진행되고 나면, 나중에는 돌이키기가 쉽지 않다는 것이 그 한이유이다. 사람에게는 누구에게나 '보상심리'라고 하는 게 있다. 어떤 삶의 과정에 돌입해서 장시간 그 모습이 진행되고 나면, 나중엔 그동안의 세월이 '아까워서'라도 되돌아가기를 꺼린다는 사실이다. 비단 이 문제는 우리 주변에서 어쩌다 보게 되는 현상이 아니라, 많은 사람들에게서 관찰되는 한계라고 할 수 있다.

'돌아서 갈 자신이 없다. 돌아서 갈 만큼의 여유가 없다. 어떻게 여기까지 왔는데…' 사실, 삶에 있어 이런 생각만큼 서글픈 것도 없다는 생각이 든다. 되돌아갈 수 없으니 그냥 간다는 식의 견해를 접할 때마다 나는 마음으로부터 알 수 없는 슬픔이 밀려오는 것을 느낀다. 이제는 세월의 무상함을 느낄 나이가 되어서일까? '시간'이라는 요소가 '어쩔 수 없이 가던 길을 간다'는 식으로 개인의 발목을 잡는 것은 어제오늘의 이야기가 아니다.

'방향성'이 중요한 이유는 바로 거기에 있다. 이것은 직장을 비롯한 진로를 결정하는 것과는 좀 다른 차원의 문제이다. 물론, 총체적으로 그런 요소들이 전혀 결부되지 않는 것은 아니지만, 삶의 과정을 어떻게 받아들이고 삶의 규모를 어떻게 만들어 가고 있느냐가 이 부분의 핵심이다.

삶에 있어 '처음으로 되돌아가 다시 시작한다'고 할 수 있는 게 있을까? 나는 그건 관점을 어떻게 갖느냐에 따라 달라질 수 있다고 생각한다. '돌아가는 것'이 아니라, '각도 수정'이라고 보는 것이 맞지 않을까? 우리가 가는 길은 새롭게 깨닫고 나면 돌아서 가야 하는 '육상로'가 아니다. 살짝 방향을 틀면 새롭게 나타나는 넓은 뱃길인 것이다. '보상 심리'를 따질 필요가 없다. 새로운 항로에는 남들이 경험하지 못한 가슴 설레는 일들이 기다리고 있을 테니 말이다.

어찌 되었건 중요한 건 '방향성'이다. '목표를 추구'한다는 것은 우리가 살아 있음을 말하는 것이고, 나름의 색깔과 빛으로 세상을 대하고 있음을 말하는 것이다. 인생에 '답'이라고 할 수 있는 것은 없지만, 삶을 개운하고 뿌듯한 것으로 만들어 가는 개인의 노력은 분명 아름다운 것이다.

⊕ 무엇이 당신을 더 인간답게 한다고 생각하나요?

⊕ 목적을 추구한다는 것은 인간에게 어떤 의미가 있을까요?

⊕ 당신은 스스로의 삶의 방향성을 세우고 있다고 생각하나요?

통찰

"단순히 겉으로 보이는 것에 연연하지 않고 배후의 것을 간파하여 현명한 판단을 하도록 하는 데 이 강점은 매우 훌륭한 역할을 한다. 이 특성은 삶의 실수를 줄이고 시행착오를 거듭하지 않게 한다. 사물을 전체적으로 조망할 수 있게 하고 사물에 함축된 본연의 가치를 이해하게 하는 데 이 특성은 크게 기여한다."

부의 가치에 대한 통찰

　　　　　　부자들 중에는 적절치 못한 방법으로 자신의 부를 쌓은 사람들이 있다. 그리고 가지지 못한 얼마의 사람들은 상대적으로 많은 것들을 가진 사람들에 대한 알레르기 반응이 있다. 기억해야 할 것은 부자라고 해서 무조건 비난해야 할 이유는 없다는 점이다. 부정한 방법으로 부자가 된 사람들이 있는 반면, 다른 사람들이 편한 생활을 할 때 일하고 허리띠 졸라매서 부를 이룬 사람도 적지 않다.

부자라는 이유만으로 비난받아야 한다면, 상대적으로 우리보다 못한 환경 가운데 있는 사람들에게 우리 역시 설 자리를 잃을 수밖에 없다. 누군가의 피와 땀으로 이룩된 부를 축하해 주고 기뻐해 주는 것이 성숙한 자아를 가진 사람의 모습이다. 물질적 이질감 때문에 누군가를 비난하고 가슴에 못을 박아야 할 권리가 우리에게는 없다. 부자가 되기까지에 노력의 가치를 무자비하게 매도하는 태도는 돼먹지 못한 사람들이나 하는 짓이라고 할 수 있다.

가난하다는 이유만으로 동정받아야 하고 부자라는 이유만으로 지탄받아야 한다는 식의 사고는 매우 편협한 사고이다. 어떤 식으로든 그들은 그들 나름의 대가를 치르고 지금의 자리에 이르렀을 것이기 때문이다.

솔직히 말해 인간은 문제들을 이분법적으로 보려는 경향이 있다. 그 이유는 그렇게 보는 게 편하기 때문이다. 다른 경우의 수를 생각하고 이런저런 명제들을 고려하는 것보다는 '결론' 내리고 사고하는 방식이 자신의 정체성을 찾는 면에 있어서도 유리하다고 생각한다. 물론, 혹자는 자신은 그런 사람이 아니라고 생각할지 모른다. 그렇지만 중요한 것은 '무의식'이다. 의식적인 노력을 하지 않는다면 무의식의 기저에 있는 방향성은 고쳐지기가 힘들다. 자신 스스로도 내면에 그런 심리적 경향을 가지고 있을 수 있음을 인정하는 것에서부터 시작해야 한다.

타고난 재능에 더하여
강점코칭으로
삶을
디자인하라

어서 보면 그것은 엄청난 모순일 수 있다. 부자들에 대한 비난이 자신의 게으름과 무능력을 변명하는 수단으로 쓰이고 있는 것이다. 또는 자기 방어를 위한 하나의 수단으로 전락하고 있는 것이다. 자신에 대한 열등감과 우월감 모두를 제거하기는 힘들지만 이 두 가지를 내려놓는다면 사람은 누구나 마음의 편협함에서 벗어날 수 있다.

부에 대한 이분법적 견해를 내려놓는다면 나 역시 비로소 부자가 될 채비를 갖추게 될 것이다. 내가 부자가 되지 못한 이유는 의식적인, 혹은 무의식적인 영역 내에서 어쩌면 부나 돈에 대한 '밀어내기 식' 관념을 가지고 있었기 때문일지 모른다는 생각을 해 본 적이 있는가? 그것은 충분히 가능한 이야기이다.

'못된 부'나 '불합리한 부'를 쌓고 싶지 않다면, 그리고 반드시 부를 이루고 싶다면, 부에 대한 잘못된 생각부터 바꾸는 것이 순서이다. 그래야 부와 진정한 친구가 될 수 있다.

강점 코칭을 위한 질문

✦ 당신에게 있어 '부'는 어떤 의미인가요?

✦ 당신은 부를 위해 어떤 노력들을 하고 있나요?

✦ 부에 대한 또 다른 지혜를 배울 필요도 있을까요?

환경이
사람을 만드는 것일까?

환경은 결코 차별을 하지 않는다. 성공한 사람과 실패한 사람들은 좋은 환경과 나쁜 환경에서 고루 나온다. 성공한 사람들의 성공담을 들어보면, 좋은 부모님 밑에서 훌륭한 지원을 받아가며 성공한 사람들의 이야기는 찾아보기 힘들다. 그런 사람들이 없기 때문이 아니라, 역경을 극복한 사람들의 성공담을 이야기하는 일에 단순한 유산 물려받기식 이야기는 명함도 못 내밀기 때문이다.

어찌 되었건, 이 점은 여러 가지 점을 시사한다. 성공에 대한 이야기들은 주인공의 각고의 노력과 삶을 대하는 태도의 문제이지 단순한 환경적 원인을 말할 순 없다는 이야기이다. 얼핏 좋은 환경에서 성장한 사람이 더 많이 성공할 여지를 갖는 것 같지만, 좋지 않은 환경 역시 성공의 대단한 땔감이 된다. 환경은 나를 망치게도 할 수 있고 성공하게도 할 수 있다. 환경이 전혀 변수가 되지 않는 것은 아니지만, 무작정 환경만 탓해서는 안 된다는 점이다.

세상에 '가난하기 때문에 부자가 된 사람'이 있다는 걸 생각한다면, 섣불리 환경을 탓하는 일은 하지 않게 될 것이다. 이 세상에 쓸모없는 환경이란 존재하지 않는다. 유리한 조건을 가지고 있었던 사람들과 나쁜 조건을 가지고 삶을 출발해야 했던 사람들이 한데 어우러져 후대에 자신이 자기 삶의 경험들을 토대로 흔적들을 남기고 있는 것이다. 모든 사람들이 어우러진 그곳을 우리는 '사회'라고 부른다.

타고난 재능에 더하여
강점코칭으로
삶을
디자인하라

과거, 현재, 미래는
연결되어 있다

지난 시간에 연연해서 살아가는 것만큼 어리석은 일도 없을 것이다. 과거에 억눌려 사는 사람의 현재는 비참하다. 자기연민에 의해 살기 때문에 눈물이 젖은 삶을 살든가, 아니면 이전의 성공에 만족하며 살기 때문에 제멋에 겨워 살면서 전혀 발전 없이 지내게 될 수 있다. 이렇듯, 지난 시간에 붙들려 자신의 발전을 정체되게 해서는 안되겠지만, 인정하지 않을 수 없는 점 한 가지가 있다. '과거'는 '현재'에 어떤 식으로든 연결되어 있다는 것이다. 어제를 교훈 삼아 오늘을 살아가야 할 필요가 있다.

'미래'와 관련해서도 마찬가지이다. 미래를 위해 현재의 행복을 계속 희생하며 산다면 그것 역시 안타까운 일이다. 내세를 위해 현재의 희생을 강요하는 사이비 종교처럼 이러한 태도는 우리의 인생을 좀먹는 일임을 인식할 수 있어야 한다. 하지만 역시 '내일'이라고 불리는 '미래'는 '현재'를 움직이는 희망이 될 수 있어야 한다. 다가올 미래 때문에 우리는 현재를 보람 있고 의미 있는 것으로 만들어 갈 수 있게 된다.

지난 삶이 내 마음에 들지 않을지도 모른다. 하지만 마음에 들었든 들지 않았든 간에 그것은 나에게 가장 좋은 경험이었다는 것을 기억해야 한다. 그러한 경험들이 고스란히 현재를 지혜롭게 살아 갈 수 있는 실마리를 제공하기 때문이다. 과거의 지혜들이 없었다면 우리는 아직도 원시 시대 같은 감성으로 사회를 꾸려야 할지 모른다. 모든 것은 과거가 던져 준 지혜로 인해 생긴 것들이다.

그러니, '오늘'이라는 바로 이 시간을 의미 있는 것들로 만들기 위해 최선의 노력을 다해야 한다. '오늘'은 잠시 후 '어제'가 되고 내일은 몇 시간 뒤 '오늘'이 된다. 어제가 후회스럽고 내일이 비관적인 것은 어쩜 오늘에 최선을 다하지 않았기 때문일 수 있다.

말하고 싶은 것은 바로 이것이다. 무엇보다 '오늘'이 우리에게 중요하지만 과거와 미래를 염두에 두는 삶을 사는 것이 여러모로 우리 자신에게 유익하다는 점이다. 오늘이 아무리 중요하다고 하루살이 인생처럼 살 수는 없는 노릇이다. 오늘에 의미를 부여해 주는 것이 과거와 미래라는 점을 생각한다면, 우리는 과거나 미래에 압도되지 않으면서도 오늘을 더 충실히 살아갈 수 있게 된다.

강점 코칭을 위한 질문

✤ 당신에게 시간이라는 것은 어떤 의미가 있나요?

✤ 과거와 현재, 그리고 미래는 지금의 당신과 어떻게 연결되어 있나요?

✤ 당신은 흘러가는 시간을 위해 어떤 일을 하고 있나요?

✤ 시간에 대한 당신의 통찰은 무엇인가요?

제4부

성향 온도
지향성

Point 22

용감함

> "이 강점은 내면의 온도를 강렬하게 하고 정의나 대의를 위해 어떤 것이든 하겠다는 굳은 의지를 갖게 한다. 난관이나 위협 가운데서도 힘을 발휘하게 하며 고통 가운데서도 영혼의 빛을 계속 비추게 한다."

용기를 가지라!
자포자기는 못난 짓이다

사람에게는 물론 불가능한 일들이 있다. 앞에서 나는 포기해야 할 일들에 포기할 줄 아는 것도 '용기'라고 한 적이 있었다. 하지만 그 어떤 경우에도 '자포자기' 해서는 안된다.

'포기'와 '사포사기'는 분명 다른 종류의 것이다. 일의 무거움을 인정하고 다음 기회로 돌리는 것은 나 자신의 '자존감'을 버리는 것과는 별개의 일이다. 단지 일이 진행되지 않을 뿐인 것이다.

하지만 이 경우 나 자신에 대한 '자존감'이 사무치게 일그러져서 저열한 자기연민에 빠져 버린다면 그것은 '자포자기'가 된다. 그런 자포자기에 빠지지 않으려면 필요한 것이 있다. '포기'라는 것이 나쁜 것은 아니지만, 어떤 일들에 대해 '불가능한 일'이라고 쉽게 단정 짓지 말길 바란다. 섣부른 단정이 스스로를 매우 어리석은 사람으로 만들 수 있다.

가장 어리석은 사람은 능력의 한계를 일찌감치 단정하고 그 한계 밖의 일은 어떤 일이건 시도하지 않는 사람이다. 도전도 해보기 전에는 그 어떤 것도 '할 수 있다'와 '없다'를 단정할 수 없다. 능력은 자신의 의지 여하에 따라 무궁무진하게 뻗어 나갈 수도 있고 그 상태에서 정체될 수도 있다. 할 수 없다고 포기하면 능력은 그 안에서만 작용할 것이다. 자신의 한계를 단정해서 한계 짓는 삶을 사는 것만큼 서글픈 일도 없을 것이다.

우린 어떤 방법으로든 인생의 짜릿함과 성취를 맛보아야 할 권리를 타고났다. 능력을 한정 짓는 그 순간 짜릿한 성취는 물 건너 간 것이 되고 만다. 뜻밖의 능력이 자신에게서 발견되어 또 다른 인생이 전기를 맞이하는 사람들을 우리는 종종 보곤 한다.

요즘에는 각종 서바이벌 오디션 프로그램들이 TV에서 인기이다. 그 프로그램들의 인기 뒤편에는 한 가지 특징이 있다. 자신의 특별한 재능을 뒤늦게 발견하고 노력한 결과 사람들의 눈에 눈물을 쏙 빼놓을 만큼의 재능을 무대에서 발휘하는 '영웅'들이 한 명씩 튀어 나온다는 점이다. 그들은 그런 방법으로 세상을 놀래킨다.

때론 능력이 부족하다는 것은 새빨간 거짓말인 경우가 많다. 자신의 능력을 채 시험도 해 보지 않은 사람은 일종의 '자기기만'이나, '나태함'의 결과인 것이다. 의지가 없을 때 핑계를 대기 위해 사용하는 것이 '나는 능력이 없어요'이다. 자신의 한계를 그런 식으로 뭉뚱그려서 한계 짓지 말길 바란다. 우리 모두는 신이 주신 내적인 능력을 하나 이상은 가지고 태어난다.

보다 정확히 말하면, 사람에게는 죽는 날까지 개발해도 다 개발하지 못할 만큼의 엄청난 능력이 있다. 어쩌면 본디 인간은 영원히 살게 되어 있었는지도 모른다. 그런 잠재력을 가지고 있으니 말이다. 그 능력을 한 번도 발휘하지 못한 채 죽음을 맞이해야 한다면 그 또한 슬픈 일이 될 것이다.

해내고야 말겠다는 집념을 가지는 것이 중요하다. 시도도 해보기 전에 '안된다' 고 하는 것은 기회를 날려 버리는 것이 될 것이다. 그리고 자신의 의욕은 점점 꺾여서 자신을 쓸모없는 존재로 만들게 될 것이다. 절대로 그런 상태가 될 때까지 자신을 방치하거나 포기해서는 안된다.

강점 코칭을 위한 질문

✤ 인생에 있어 당신은 얼마만큼 용기 있는 사람인가요?

✤ 때때로 자포자기하는 심정이 자신을 지배한 적이 있나요?

✤ 삶에 대한 회의가 들었던 적은 없나요?

타고난 재능에 더하여
강점코칭으로
삶을
디자인하라

◉ 포기하지 말아야 할 어떤 이유가 당신에게 존재하나요?

◈ 당신은 포기하지 않기 위해 어떤 노력들을 하고 있나요?

◈ 당신에게 있어 용기란 어떤 의미인가요?

Point 23

이지력

> "이지적 생각을 할 수 있는 이성적 존재로서 이 강점은 다른 이와 자신을 지
> 적으로 구별된 존재가 되게 한다. 사람은 감정의 존재이지만, 이성적 판단을
> 통해 비로소 완성된 개인이 된다. 비판과 수용을 거듭하는 가운데 인간은 비
> 로소 도약을 위해 준비된 하나의 인간이 된다."

문제를 인지하고
그것을 통해 기대하라

자신의 발전을 위해 무엇을 해야
할 것인지 알기 위해서는 삶에 있어 문제가 무엇인지를 아는 것부터가
선행되어야 한다. 그런 과정을 통해 우리는 더 나은 리더나 개인이 될

수 있다 좋은 리더십이나 유쾌한 삶의 장면들은 적극적으로 생각하는 사람들에게 주어지는 면류관 같은 것이다. 존재 가능한 모든 문제들을 곰곰이 생각하는 것만으로도 우리는 다른 부류의 사람이 될 수 있다.

자신의 머릿속에 떠오르는 문제점들에 대해 결코 소홀히 생각하지 않는 태도가 필요하다. 아무리 좋은 아이디어라 할지라도 약점이나 오류는 있기 마련이다. '내가 가진 생각들의 문제점은 무엇인가?' 자문할 수 있는 것은 겸손의 표시이며 또한 자신이 강하다는 것을 알게 하는 시금석이다. 언제 어느 때 발생할지 모르는 부정적인 문제점들을 사려 깊게 고찰하는 것은 나를 위한 것이기도 하지만 나를 바라보는 타인을 위한 것이기도 하다.

왜냐하면, 우리 자신은 어떤 형태로든 주변 사람들에게 영향을 주고 있기 때문이다. 우리가 느끼는 스트레스는 외적으로 드러나서 다른 돌발 변수를 만들기도 한다. 주변 어딘가에 있는 문제점들이 무엇인지 인지하는 이런 모습은 자신이 책임감 있는 사람임을 증명하는 것이다.

문제는 자신의 발전을 '기대'하게 하는 또 다른 변곡점이다. 만약 자신에게 아무런 문제점도 있지 않다고 생각한다면, 이것이야말로 가장 중대한 문제점이다. 이것은 '실제'의 문제가 있든 없든 중대한 문제이다. 만약, 문제가 있음에도 느끼지 못하고 있는 것이라면 그것은 스스로에 대해 잘못된 평가를 하고 있는 것이 된다.

하지만 한편으로는 '실제의 문제'가 존재하지 않는다고 한다면, 그것은 우리가 자신의 발전을 위해서 아무 행동도 하고 있지 않다는 증거이기도 하다. 꿈을 향해 적극적으로 전진하지 않고 있다는, 자신의 능력을 충분히 발휘하지 못하고 있다는 증거인 것이다. 자신의 능력을 매일 검토하고 비춰 보는 사람에게 문제가 발견되지 않는다는 것은 있을 수 없는 일이다. 발전은 언제나 어려운 문제들과 싸워서 이겨낼 때 이루어지는 것이다. 어쩌면 문제가 없다고 생각하는 자세부터가 안일한 태도일 수 있다.

스스로에게 문제에 대한 도전감을 불어넣어 그 목표를 확대시키지 않는 것은 자신의 생기를 잃게 하는 원인이 된다. 문제 해결을 위해 적극적으로 노력하고 기민하게 반응할 수 있어야 한다. 끊임없이 자신을 돌아보아 발전시키고 확장시켜 나가지 않는다면 그 개인은 도태될 수밖에 없다. 목표는 우리 자신을 위대한 사람으로 만든다.

해결해야 할 문제가 발견되었다면 그 문제를 어떻게든 해결하겠다는 의지가 필요하다. 그렇지 않다면 삶이 다하는 날까지 그 문제는 우리의 발목을 잡을 것이다.

강점 코칭을 위한 질문

✛ 당신의 판단력은 맑고 또렷한가요?

✛ 당신에게 존재하는 문제들은 무엇이라고 생각하나요?

✛ 문제들을 인지하고 결과들을 기다리는 면에 있어 당신의 태도는 어떠한가요?

바로 보는 힘,
사람은 심는 대로 거둔다

성경에는 "심는 대로 거둔다."는 표현이 들어 있다. 성경을 볼 것도 없이 우리네 속담에서도 "콩 심은 데 콩 나고 팥 심은 데 팥 난다."는 표현이 있다. 그런데 이것은 성공 역학에 있어서도 마찬가지이다. 꿈으로 가득 찬 모습을 마음속으로 그린다면 그것은 우리의 삶에 '성공'이라는 콩을 심는 것이라고 할 수 있다. 당연히 '콩'이 나오게 되어 있다.

우리는 원한다면 언제나 원하는 대로 새로운 사람이 될 수 있다. 그 사실을 굳게 믿어야 한다. 예전의 자신의 모습은 찌질이고 소극적인 사람이었을지 모른다. 하지만 이제 자신의 모습이 새롭게 된다고 상상한다면 우리는 그 즉시 새로운 사람이 될 수 있다. 아니, 결심한 그 순간 우리는 이미 새로운 사람이 된 것이다.

성공을 심으면 반드시 성공은 열매를 맺게 될 수 있다. 성공하는 자신이 모습을 그려 머릿속에 입력한다면 우리는 이미 성공에서 상당부분을 이룬 사람이 되어 있을 것이다. 하루하루의 현실이 분명히 달라질 것이다. 사람은 자신이 마음먹은 것에 따라서 얼마든지 자신의 운명을 바꿀 수 있다는 신념을 나는 가지고 있다. 현실에서 '실패'라는 단어는 존재하지 않았던 것인 양 자신의 삶을 재편해 나간다면 우리는 성공에 더 빠르게 접근할 수 있다.

성공을 심는 사람이 되라, 그리 한다면 필시 성공은 그리 먼 곳에 있지 않을 것이다. 피곤하다고 느끼기 전, 우리는 수확기에 이르러 우리가 원하는 바를 거두게 될 것이다.

✤ 당신에게 있어 성공은 무엇인가요?

✤ 성공을 위해 당신은 지금 무엇을 심고 있나요?

✤ 성공을 위한 당신의 노력은 정당하고 의미 있는 것인가요?

신중함

"사람에게 있어서 신중함은 뜻하지 않은 재난을 피하게 해 준다. 또한 다른 사람과의 관계에 있어서 해가 될 수 있는 것들을 하지 않게 해 주며, 사회적 존재로서 더 적합한 사람이 되게 해 준다."

생각에 있어 신중해지라

성경에는 "무릇 지킬 만한 것보다 마음을 지키라."는 말이 있다. '마음'이라는 것이 인간에게 있어서 얼마나 기만적으로 작용하는지를 보여주는 성구라고 할 수 있다. 이 성구의 내용을 달리 보자면, 마음의 작용을 외부의 눈으로 살필 수 있어야 한다는 말이 된다.

　많은 사람들이 자신의 마음(생각)과 스스로의 본질(자아)을 동일한 것으로 본다. 하지만 생각 역시 말이나 행동처럼 자아가 사용하는 도구일 뿐이다. '생각'을 '자아'와 오해하는 사람들이 많다 보니, 흔히 일어나는 현상이 하나 있다. 그건, 생각이 얼마나 빠른 속도로 뭉게구름처럼 커지는지 알지 못한다는 사실이다. 그리고 이런 마음의 작용은 내적인 평화를 이루지 못하게 한다.

　효과적으로 내적인 평화를 얻을 수 있는 방법 중 하나가 있다. 그리고 그건 의외로 그리 어렵지 않다. 부정적이고 불안한 사고가 얼마나 빨리 우리 자신의 의지를 벗어나 자기 맘대로 나대는지를 '깨닫는' 것이다. 이것은 관조적 시각에 의해 가능하다. 자신의 내면 밖에서 자기 자신을 보는 것이다.

　자신의 생각 안에 갇혀 있을 때 초조해지기 마련이다. 그리고 문제의 세부적인 면들에 집착하면서 불안감은 점층적으로 커진다. 생각은 전이되고 변이된다. 그리고 매우 신속하다. 믿을 수 없을 정도로 흥분된 상태에서도 자신의 감정과 마음이 그렇게나 엄청나게 커졌다는 사실을 알지 못한다. 그것이 바로 생각의 특성이다.

　자다가 깨어서 다시 잠들기 어렵다는 걸 느낀 적이 우리에게는 한번쯤 있다. 누군가 나를 함부로 대하거나 모욕적으로 대했던 낮시간 일을 떠올리면서 불면의 밤을 보낸다. 한 조각 생각의 파편이 결국 점점 커져서 온 밤을 불태우게 한다. 새벽녘이 되어서야 피곤함에 찌들어 겨우 졸음이 쏟아지지만 이미 늦었다. 출근을 해야 하기 때문이다. 그리고 그 피곤함은 하루종일 영향을 미친다. 일그러진 컨디션은 누적되어서 하루 그리고 이틀… 혹은 일주일 전체를 망치기도 한다.

자신의 생각이 이처럼 기만적일 수 있다는 것을 알아차리는 것만으로도 우리는 그런 일종의 심리적 사고를 미연에 방지할 수 있다. 가령, 밤시간 깨어 뭔가가 떠올랐다면 메모지에 해당 내용을 적어둘 수 있다. 잊혀지지 않는 방법으로 흔적을 남겼다는 사실만으로도 마음은 든든함을 느낀다. 그리고 꼭 처리해야 할 일이라면 메모에 근거해서 일들을 처리하는 것이다.

몸이 바쁜 것은 생각이 바쁜 것과는 다르다. 우리는 얼마든지 우리의 일을 충실히 하면서도 마음의 여유를 가질 수 있다. 그리고 그런 마음의 평화는 자존감을 가지게 하고 배짱과 여유를 가질 수 있게 한다. 사실, 이런 유의 내적인 안정은 개인에게 있어서 무엇보다 중요한 요소이다.

엄마이자 아내로서 한 조각의 생각이 나 스스로를 압도했던 경험이 있다. 그리고 이런 생각의 너저분함은 나를 한없이 우울하게 만들었다. 아들과 딸에 대한 염려나 남편으로 인해서 생긴 스트레스를 느끼는 것 자체는 해로운 것이 아닐 수 있다. 문제들을 직시하게 하고 앞으로 생길지 모를 일들에 대비하게 하기 때문이다. 하지만 문제는 이런 생각이 마치 중독 증세처럼 걷잡을 수 없이 커진다는 것이다.

그리고 커진 생각들은 나를 압도한다. '나'보다 더 커져 버리는 것이다. 그러니, 마음의 기만성을 알아차리게 되길 바란다. 생각을 자신의 본질이 아니라 도구로 생각한다면 생각에 의해 압도당하는 일은 발생하지 않을 것이다.

- 우리들 마음속에서 피어나는 생각 구름들 가운데 불필요한 망상들이 많다는 사실을 당신은 알고 있나요?
- 당신은 이 사실을 얼마나 깊이 인지하고 있나요?
- 생각의 틀에 갇혀 시간을 낭비하거나 해야 할 일들을 하지 못했던 경험은 없나요?

영예가 꼭 자신에게
돌아와야 하는지를 생각하라

세상에서 가장 중요한 사람은 물론 '나'라고 할 수 있다. 하지만 우리가 혼동하지 말아야 할 한 가지 사실이 있다. 나 자신이 가장 중요한 사람이라고 해서 많은 사람의 주목을 받는 사람이 될 필요는 없다는 점이다. 우리는 우리 자신의 삶의 범위 안에서 행복할 수 있으면 된다. 굳이 온갖 종류의 명예와 영예가 자신의 것이 되어야만 삶의 보람을 느낄 수 있는 것은 아니다.

어떤 사람들은 삶의 틈바구니 안에서 짜릿함을 맛보려면 누군가로부터 인정을 받아야 한다고 생각하기도 한다. 하지만 만약 외부로부터의 '승인'이나 '인정'이 사라진다면, 자신의 존재 가치는 사라져 버리는 것인가? 자신의 가치 부여가 그런 식으로 생성되는 것이라면 그것이 과연 진정으로 보람 있는 삶이라고 말할 수 있을 것인가? 어찌 되었건 우리는 자신의 삶에 대해 진지하게 생각할 수 있어야 한다.

사람들의 시선이 자신에게로 향해야 한다는 생각을 버리고, 기꺼이 타인에게 영예를 돌릴 수 있다면 고요함이 나 자신에게 스며드는 것을 느낄 수 있게 될 것이다. 그리고 그러한 사람이라면 진정으로 강한 사람이 될 것이다. 지나치게 주목을 받으려고 집착하면 할수록, 삶은 더 피폐해지고 눈물겨운 것이 될 것이다. 왜냐하면 그러한 삶에는 많은 부분 좌절과 실망이 가득 차게 될 것이기 때문이다.

우선적으로 '자신이 특별하다'는 생각부터 뜯어 고칠 필요가 있다. 물론, 나 자신은 가장 특별한 존재이다. 그러나 '모든 사람이 특별하다'는 의미에서 나 자신은 특별하지 않다. 나 자신을 사랑해야 하지만 동시에 내가 없어도 세상은 돌아갈 수 있음을 인지해야 한다. 자신이 하고 있는 말이 그 어떤 이야기보다 중요하다는 식의 생각을 하다 보면 결국 언젠가는 그런 태도가 외부로 스며 나올 수밖에 없다. 그리고 그런 태도는 외부에 이기적이거나 타인에 대한 무시로 오해받기 쉬운 상황들을 만든다.

이유 없이 자신이 타인과의 대인관계에 있어 불필요한 다툼이나 오해의 소용돌이에 자주 노출되는 것 같다면 잠시 멈추어 생각해 볼 필요가 있다. 이미 자신의 내면에 그런 '특별성'을 부여하고 있지는 않은지 말이다. 비록 겉으로는 그렇게 말하지 않지만, 자신의 경험과 의견에 드러나지 않는 우월성이나 특별함을 부여한다면 주변 사람들은 그것을 쉽게 알아챈다. 나 아닌 다른 사람들은 바보가 아니다.

자신의 '행복의 가치를 어디다 두느냐'는 삶의 방향성을 결정하는 중요한 단초가 된다. 사람들에게 이름이 회자되는 것이 생존의 문제라면 모르겠지만, 굳이 그럴 필요가 없다면 소박하고 건강한 삶 속에 행복의 가치를 두는 것이 훨씬 더 평화롭고 평탄한 길을 갈 수 있는 방법이 될 것이다. 인정받고자 하는 내면의 찌꺼기를 걷어 낸다면 대화의 중심을 자신에게로 돌리기 위해 상대방의 이야기를 가로막거나, 자신이 말할 차례가 빨리 돌아오기만을 바라는 참을성 없는 태도를 보이지 않을 것이다.

인정하지 않을 수 없는 점은, 대부분의 사람들이 이러한 점들에 있어 자신 있게 '나는 이렇지 않아'라고 말할 수 없다는 사실이다. 어찌 되었건 다른 사람과 함께 교감할 수 있는 즐거움을 상쇄하고 보이지 않는 거리를 만드는 마음가짐은 과감히 버려야 할 것이다. 우리는 자신에게 있어서 소중한 것이 무엇인지를 알기 때문이다.

주목을 끌고자 하는 욕구를 포기한다면, 마음의 평화는 자연스럽게 나의 것이 될 수 있다. 그리고 그런 평화는 자신의 자존감과 내적인 만족감으로 이어진다. 무엇보다도 우린 그렇게 행복해질 수 있다.

강점 코칭을 위한 질문

✦ 결과에 대한 영예가 자신에게 돌아오게 될 때, 그와 동시에 시기의 대상이 될 수 있다는 사실을 당신은 인지하고 있나요?

✦ 결과들의 영예나 명예를 생각함에 있어 당신은 얼마나 신중한가요?

✦ 스스로를 드러내고 내세우는 면에 있어 조심성을 보여야 할 필요는 없는 걸까요?

처음부터
너무 큰 걸 바라지 마라

            사람들은 내면의 잠재적 만족을 위해서 산다. 내적인 만족이 없다면 사람은 살아야 할 이유도, 무엇을 위해 자신의 삶을 지속하는지도 모르게 된다. 간혹, 어떤 사람들은 내적인 괴리감에 맞닥뜨리기도 한다. 그 이유는 처음부터 너무 큰일들을 하려고 하기 때문이다. 목표를 달성하려고 노력하는 것은 아이가 걷는 법을 배우는 것과 같다고 할 수 있다

    처음엔 비틀거리면서 한 발 한 발을 움직인다. 모든 일들이 그렇다. 비틀거림이나 당황하는 모습은 모두에게 있을 수 있다. 때론 신비함이나 설레임이 동반되기도 한다. 중요한 것은 모든 일은 첫걸음, 그러니까 어설픈 첫걸음에서 시작한다는 것이다. 딸아이가 '방송'에 관심을 가지기 시작했을 때, 그 아이는 초등학교 방송반에서 어설픈 맨트 한번을 하는 것으로 그 꿈을 만들기 시작했다. 그리고 결국 어여쁜 방송인이 되었다.

    이 글을 읽고 있는 당신이 기억해야 할 일이 있다. 누차 이야기했지만, 그것은 지극히 작은 일에서부터 시작해서 큰 목표에 이를 수 있다는 것이다. 모든 것은 확신에서 비롯될 수 있는데, 그 확신은 근거 없는 것이거나 허무맹랑한 것에 그 기대가 근거해 있다면 실망감을 가질 수밖에 없다. 실망감을 덜 느끼고 큰일에 대해 확신을 가질 수 있으려면 확신에 대한 근거 즉, 작은 일들로 인해 생긴 경험치가 있어야 한다. 그게 당연한 이치이다.

    차츰 성공함에 따라서 보다 큰 발을 내디딜 수 있게 되는 담력과

무언의 자신감이 생길 수 있게 된다. 나이아가라 폭포를 가로지르는 구름다리가 있다. 많은 사람들은 그 구름다리가 어떻게 생겼는지 잘 알지 못한다. 맨 처음 솔개가 폭포를 가로질러 날았다. 그 이후에는 솔개에 실을 하나 매달아 폭포를 통과하게 하였다. 그 가는 실에 로프가 접착되어 붙었고, 점점 굵은 로프들이, 나중에는 케이블이 묶어졌다.

결국, 솔개가 운반한 가느다란 실이 처음이었다. 모든 일들이 그렇다. 한꺼번에 되는 일이란 존재하지 않는다. 한꺼번에 되는 일이 만약 있다면 그건 요행이지 '성과'가 아니다. 그리고 그리 만들어진 어떤 결과물은 쉽게 으스러질 수 있다. 기초가 튼실하지 않기 때문이다.

다른 부수물과 케이블이 서로 연결되어 멋진 구름다리가 되기까지 그 근본에는 아주 가느다란 실이 단초가 되었다는 걸 생각한다면, 우리는 우리가 이루려는 것들이 잘 되지 않는다고 불평해야 할 이유가 없을 것이다. 처음부터 잘 되지 않는 건, 나의 무능함을 드러내는 것이 아니라 '당연한' 것이다. 작은 일부터 시작하고 작은 성취에 만족할 수 있어야 한다. 다른 곳이 아닌, 스스로가 현재 서 있는 바로 그곳에서 작은 성공을 만들어야 한다. 그래야 다른 큰일을 위해 발걸음을 옮길 수 있게 된다.

부커 T. 워싱턴은 "당신이 지금 존재하는 그 위치에서 장애물을 제거하라!"고 이야기했다. 중요한 것은 지금이며, 당장 극복할 수 있는 작은 장애물이 우선 과제이다.

◈ 큰 것을 바라다가 또 다른 중요하거나 큰 것을 잃어버린 경험은 없나요?

◈ 모든 일은 첫 걸음부터 시작한다는 말의 교훈을 당신은 어떻게 생각하나요?

◈ 당신이 처음부터 큰 것을 원하는 이유는 무엇인가요?

◈ 귀찮거나 혹은 단숨에 도약하기 위한 욕구 때문은 아닌가요?

정서적 여유

"사람이 외적으로 보일 수 있는 유머감은 삶의 활력을 더해주고 관계에 있어 윤활유 역할을 한다. 만약 사람에게 있어 이 강점이 없다면 세상은 메마르고 황량한 곳이 되고 말 것이다. 쾌활함이야말로 인간을 유쾌한 존재가 되게 하는 중요한 특성이다."

적극적이고 여유 있는 생각

적극적인 생각을 가진 사람이라면 비록 이제까지 성공하지 못한 문제가 있다 하더라도 그것을 발판삼아 새로운 개척 정신을 가질 것이다. 제아무리 어려운 문제라 하더라도 반드시 해결할 수 있는 방법이 있을 거라는 확신이 있기 때문에 자극을

타고난 재능에 더하여
강점코칭으로
삶을
디자인하라

통해 어떻게든 상황들을 타개해 나간다. 과거의 실패는 문제에 대한 판단 부족이었을지 모른다. 실패에 연연하거나 패배감에 압도당하기보다는 곧바로 털고 일어나는 적극성이 필요하다.

물론 적극적인 사고를 가진 사람이라 해도 때때로 실패하게 될 수 있다. 하지만 스스로를 되짚어 다시 일어날 수 있는 사람이라면 그런 실패가 창조적인 생각을 억제하는 하나의 장애물에 불과하다고 생각할 것이다. 자신의 실패에 대해 원인을 발견하고 앞으로 시도하려고 하는 목표와 그와 관련된 부분들에 주의 깊은 노력을 하려 하는 것이 바로 적극적인 사람의 모습이다.

우리의 주위를 살펴보면, 자신의 한계를 극복해 가며 살면서도 즐겁고 평안한 기운으로 삶을 장식하는 사람들을 볼 수 있다. 장애를 가지고 있거나 넉넉하지 않은 재정 상태에 있거나, 본질적인 것들을 많이 고민해야 하는 수많은 사람들이 있다. 하지만 그런 사람들 중 적지 않은 사람들이 즐거움과 평온의 영을 가지고 있다. '할 수 있다'는 자신감과 '그럼에도 나의 인생은 끝나지 않는다'는 강한 확신을 가지고 있기 때문이다.

주위를 둘러보면 우리의 동기와 내적인 성향을 자극하는 훌륭한 사람들이 주변에 많다는 것을 알게 된다. 훌륭한 적극적 사고방식을 가진 사람들 그리고 그들의 생각은 우리가 살고 있는 이곳 지구별을 아름답게 하는 하나의 원인이다.

⊕ 적극적인 생각이 인생에 있어 중요한 이유는 무엇일까요?

⊕ 희망적이지 않은 상황 가운데서도 기운을 내고 삶에 대한 적극적인 생각
을 가져야 할 이유가 있을까요?

⊕ 당신은 적극적인 생각의 소유자인가요?

나는 뭘 해도 잘할 수 있어

때때로 바라고 원했던 일이 제대로
이루어지지 않아서 실의에 빠진 적이 있을 것이다. 그러지 말아야 하
는데, 다른 사람과의 비교에서 힘을 잃은 적도 있다. 재능이나 지식, 노
력 등이 나보다 못하다고 느꼈었는데, 그 사람이 어느 한 순간 나를 앞
질러 가는 것 같으면 우리는 쉽게 의기소침해진다. "그래, 앞으로는 나
아질 거야."라며 스스로를 위로하기도 했을 것이다. 우린 쉽게 목표의
식을 잃고 "왜 이런 거지?"라고 생각하며 슬럼프에 빠지기도 한다.

하지만 모든 것의 원인은 나 자신에게 있다. 스스로를 한정 지으면
서 비교하는 대상은 결국 '나 자신'인 것이다. 원하는 사람이 되기 위해
어떤 각오로 상황들에 임했나? 어쩌면 외부의 시선이나 외적인 압박감
이 원인이 되어 그렇게 하지는 않았을까? 그렇게 해서는 아무것도 자
연스럽게 이루어질 수 없다. 설혹, 어떤 성과가 나더라도 나 자신의 본
질이 사라진 상태에서의 괴리감 때문에 허탈한 기분이 들 수도 있다.

나를 좌절로 이끄는 것은 바로 소극적인 태도일 것이다. 자신 본연

의 삶을 살아가겠다고 결심하고 진정으로 원하는 것이 무엇인지 '사고'하는 것이 먼저이다. 그리고 자신의 삶이 방향성을 정했다면 최선을 다해 노력하는 것이다. 그렇게 멋진 인생은 만들어질 수 있다. 원하는 결과가 나오든 그렇지 않든 간에, 우리의 삶은 충분히 위대한 것이 될 수 있다.

시도한 일들의 결과가 조금 실망스럽더라도 '책임'을 피하거나 외면하지 않는 태도 역시 중요하다. 일의 결과가 나를 드러내 주는 전부가 될 수는 없다. 만족스럽지 않았으니, 나는 형편없는 사람이라거나 뭘 해도 잘 안된다거나 뭘 해도 어설프다는 식의 섣부른 판단을 할 필요가 없다는 것이다. 아이러니하게도, 있을 수 있는 상황들에 대한 자신의 부족함을 온전히 인정하고 나면, 자신에 대한 비이치적인 비하를 하지 않게 된다. 삶은 맑아지고 정신은 개운해진다. 마음은 평온함을 되찾게 된다

나 자신이 '뭘 해도 잘할 수 있다'는 믿음은 허구의 것이 아니다. 이건 결과론적 측면을 언급함이 아니다. 우린 삶의 '과정' 속에서 겪게 되는 모든 상황들에 의연하게 대처할 수 있으며 실패를 딛고 일어서서 그것을 바탕으로 더 훌륭한 자아를 만들 수 있다. 말 그대로 '잘할 수 있는' 것이다.

'잘한다'는 건 무슨 의미일까? 언제나 뭐든 성공한다는 의미일까? 삶이 의외로 술술 풀리거나 실패를 경험하지 않는 사람을 두고 '잘한다'고 표현할까? 아니다. 현실에 충실하면서 의연하게 대처하는 사람을 우리는 '잘한다'거나 '잘하고 있다'고 표현한다. 결론만큼이나 '과정'은 인생에 있어 중요하다. 어쩌면 '과정'이 인생의 대부분을 차지한다고 생

각했을 때, '잘한다'는 것은 훌륭한 '과정'을 만들어 내는 것이라고도 표현할 수 있다.

목표한 바에 대한 의연한 노력을 위해 '격려' 역시 매우 중요하다. 외부로부터의 격려도 있어야 하겠지만, 공감할 수 있는 내면으로부터의 '격려'가 제일 중요하다는 생각을 한다. 스스로를 돌아보면서 '넌 뭘 해도 잘할 거잖아'라고 외쳐보라. 없던 자신감과 자존감이 일시에 일어날 것이다. 스스로에 대한 확신과 믿음만큼 삶에 있어 중요한 것도 없을 것이다.

맞다. 우린 뭘 해도 잘할 수 있을 것이다. 아니, 분명히 그러하다!

강점 코칭을 위한 질문

✦ 당신이 잘할 수 있는 일은 무엇인가요?

✦ 당신이 시도하는 일이 잘될 거라고 생각해야 할 이유는 무엇일까요?

✦ 당신은 쾌활한 영을 소유한 사람인가요?

✦ 무엇이 당신을 움직이게 하나요?

✦ 당신은 언제나 유머감각을 잃지 않으려 노력하나요?

✦ 당신의 내면은 무엇을 통해 미소짓고 있나요?

타고난 재능에 더하여
강점코칭으로
삶을
디자인하라

Point 26

통제력

"존재로서 감정과 행동을 의식적으로 조절할 수 있다는 것은 인간만이 지닌 매우 고귀한 특징이라고 할 수 있다. 이 강점은 인간을 더 크고 위대한 존재가 되게 해 준다. 감정에 통제되는 것이 아니라, 감정을 통제하는 사람이야말로 강한 사람이라고 할 수 있다."

개인의 역량은
습관의 힘에 의해 좌우된다

수많은 자기계발서들이 습관에 대해 이야기한다. 어떤 습관을 가지느냐가 미래를 결정하게 된다고 말이다. 어떤 면에서 이것은 하나의 메커니즘이라는 생각을 한다. 인생 과정을 결정하는 심리적이면서도 극히 정신적인 하나의 시스템과 같은 부분인 것이다.

　삶은 우리가 원하는 대로 풀리지 않는다. 때문에 우리는 감정적 기복을 경험한다. 긴장하거나 초초하거나 때론 화가 나기도 한다. 거기에 더해 다른 사람을 판단하고 자신에 대해 오는 비난의 화살을 걸어내는 등의 행동들을 한다. 방어적이 되는 것이다.

　이 시점에서 잠시 멈추어 생각해 보자. 이 모든 일은 우리가 얼마나 실패하고 좌절하는 일에 익숙해져 있는지를 드러내는 것이라고 할 수 있다. 그렇다. 어쩌면 이런 마음의 모습은 습관화될 만큼 반복된 것들이기도 하다. 어쩌면 우리가 계속 실패하는 이유는 실패하고 좌절하는 연습을 했기 때문은 아닐까?

　반복을 통해서 자신에게 내재된 동정심, 인내, 평화 같은 긍정적인 특성들을 끌어낼 수도 있지 않을까? 습관은 반복과 연습에 의해 생긴다. 어떤 것에 주의를 기울이느냐는 우리가 어떤 부류의 사람이 되느냐와 밀접한 관련이 있다고 할 수 있다. 매일 매일의 습관에 주의를 기울여야 할 이유이다. 자신의 내적인 그리고 외적인 습관을 의식한다면 더 나은 삶에 큰 도움을 줄 수 있다. 시간의 대부분을 그런 습관을 만드는 일에 사용할 수는 없는 노릇이겠지만, 외적으로 체화된 일정 수준의 습관은 인생을 완전히 다른 종류의 것으로 만들 수 있다.

　지금 내가 어떤 것들에 관심을 쏟고 있는지 검토해 볼 시점이다. 자신이 하겠다고 결심한 목표에 일조할 수 있는 습관을 만들어 가고 있는가? 과연 지금의 인생은 실제 우리 자신이 의도한 대로 흘러가고 있는가? 나 자신을 위해 이런 질문을 해보고 면밀히 검토해 보는 것은 크

타고난 재능에 더하여
강점코칭으로
삶을
디자인하라

세 유익하다. 이 부분에서 나 스스로에 대한 진솔함은 반드시 채워져야 할 부분이다.

스스로를 다잡고 자신의 본질적인 것들에 시간을 투자하기보다는 여러 자질구레한 일들에 시간을 빼앗기고 있을지 모른다. 실은 우리의 무의식은 무엇이 필요한지를 알고 있다. 하지만 뉴스 보기나 기타 작은 일들을 하느라고 정작 필요한 일들에 관심을 기울이지 못했다는 핑계거리를 계속해서 양산하고 있는 것인지도 모른다. 드라마를 보고, 소소한 필요를 돌보느라 우리는 거의 한나절을 보내곤 한다.

매일 매일의 작은 시간의 조각들이 자신의 미래를 결정한다는 것을 마음에 새긴다면 어떤 형태로든 시간을 헛되이 보내지 않을 것이다. 보다 유연하면서도 능동적으로 자신의 시간 사용과 습관에 대해 검토할 필요가 있겠다.

강점 코칭을 위한 질문

✤ 스스로를 통제하기 위해 당신은 어떤 좋은 습관들을 발전시켜 나가고 있나요?

✤ 자신을 통제하지 못하게 하는 중독적인 습관들이 혹시 있나요?

✤ 있다면 그것은 무엇인가요?

✤ 개인의 역량과 습관은 어떤 관계가 있을까요?

누군가를 탓해야 할
이유가 없다

　　　　　　　　　　우리는 일이 자신의 뜻대로 잘 되지 않으면 흔히 다른 사람 탓을 하기가 일쑤다. 이건 비단 다른 사람들뿐만 아니라, 이 글을 쓰고 있는 나조차도 가끔 일의 결과에 대한 책임을 다른 사람에게 돌리는 때가 있다. 그렇게 해서 자신에 대한 고통의 시간을 피하는 것이다. 그건 한마디로 억지스런 변명이다.

작고 사소한 일은 물론이고, 뉴스를 보면 자신의 환경 탓을 하는 많은 사람들을 보게 된다. 자신이 범죄에 연루된 이유는 불우했던 가정사 때문이라고 말하는 사람이 있는가 하면, 어릴 적 있었던 트라우마 때문에 자신의 성격이 그리 모난 상태가 되었다고 말하는 사람도 있다. 이런 '남 탓'에 대한 생각은 꽤 널리 퍼져 있는 편이다. 개인적인 면에서 보자면, 이런 생각은 자신이 가지고 있는 '문제'이든 '행복'이든 자신이 책임질 것은 아닌 듯 보이게 한다.

자신의 주변에서 일어나는 좋지 않은 일들은 타인이나 악마가 만들어낸 일이고, 좋은 일들은 신이 자신을 예뻐하기 때문이라는 식의 태도이다. 이게 얼마나 말도 안되는 이야기인지는 잠시만 떨어져서 관조적인 생각으로 상황을 바라보면 알 수가 있다. 결국 자신의 주변에서 일어나는 것인데, 자신과는 아무 인과관계가 없이 이 모든 일이 일어날 수 있다는 생각처럼 보여질 수도 있는 일이기 때문이다.

분노, 좌절, 의기소침, 스트레스, 심지어 불행한 삶까지 남의 책임이 된다면 자신이 본질적으로 가질 수 있는 것은 무엇일까? 진짜 자신의 것이라고 할 수 있는 일은 과연 무엇이란 말인가? 그런 삶은 결코 평화로운 삶이 될 수가 없다.

물론, 다른 사람의 행동이 인과 관계가 되는 일이 없는 것은 아니다. 하지만 그러한 상황에 대처하고, 최후의 순간까지 책임져야 하는 사람은 바로 다름아닌 '나'인 것이다. 자신이 처한 상황이 자신을 구속한다고 생각하는 것은 큰 오류이다. 다만, 상황은 사람의 본질적인 내적 가치를 드러내 줄 뿐인 것이다.

다른 이를 탓하지 않고 끝까지 자신의 삶에 최선을 다한다는 것은 자신의 행복과 타인 그리고 주변에서 일어나는 일들에 적극적인 자세를 갖는다는 것이다. 사무실이 너저분하다고 느껴질 때면, '나 혼자 일을 다 하는구먼' 하고 생각할 것이 아니라, 아무렇지 않게 그 상황을 바꿔 나가면 되는 것이다. 가볍게 빗자루질을 한다거나 물건을 정리하는 정도의 선에서 할 수 있는 일들을 하는 것이다. 그렇게 하면 상황을 그런대로 쿨하게 넘어갈 수가 있다.

만약 자신이 불행하다고 느끼고 있다면 오직 자신만이 스스로의 행복을 만들 수 있는 유일한 존재라는 점을 알아야 한다. 그런 깨달음 안에서만 비로소 행복해질 수가 있는 것이다. 타인을 원망하면 어느 정도 위로가 될 것 같지만 실상은 그렇지가 않다. 오히려 엄청나게 정신적인 활력을 낭비하게 된다. 스트레스가 생기는 것은 물론, 타인과의 관계에서 불편함이 생길 수도 있다.

생각해 보라, 계속 남 탓만 한다면, 인생에 있어 무력감이 들 수밖에 없다. 자신이 스스로 할 수 있는 것은 아무것도 없고 오직 타인에 의해서, 혹은 상황에 의해서 이리저리 밀려다닐 수밖에 없기 때문이다. 수동적이면서 통제 불능의 인생을 사는 것만큼 불행한 일이 또 있을까? 모든 것의 열쇠를 쥐고 있는 사람은 바로 자신이다. 이 중요한 진리를 깨닫는 것이 자신을 바로 세우는 기초이다.

강점 코칭을 위한 질문

⊕ 당신은 스스로를 둘러싸고 있는 모든 일들의 원인이 자신에게 있다는 것을 알고 있나요?

⊕ 자신에 대한 통제권은 전적으로 자신에게 있다는 것을 알고 있나요?

⊕ 당신 스스로를 컨트롤하지 못하게 하는 근본적인 원인은 무엇인가요?

⊕ 당신은 절제미 있고 내면 관리에 있어 능숙한 사람인가요?

타고난 재능에 더하여
강점코칭으로
삶을
디자인하라

활기

"활력이 없는 사람만큼 세상을 우울하게 보이도록 하는 것도 없을 것이다. 열의와 열정이 있는 사람은 일에 더 의미있게 몰두하고 삶에서 더 많은 일을 하겠다는 의욕을 가지게 된다. 인생의 의미가 생기면 사람은 활력을 자기 내면의 에너지로 사용하게 된다."

부지런해지기 위해 노력하라

스스로를 더 경쟁력 있는 존재로 만들기 위해 이것만큼 중요한 것이 있을까? 부지런함은 아무리 강조해도 지나치지 않을 것이다. 왜 시도하는 일마다 제대로 되지 않는 거냐고 질문하는 사람이 있다. 생각지 않게 인생이 잘 안 풀린다고 생각될 때가 있다. 하지만 이 경우 검토해야 할 첫 번째 것은 시도하는 일의 방향성이 아니다. 스스로 이 일에 '부지런하다'고 말할 수 있을 정도로 최선을 다했느냐를 검토하는 것이 필요하다.

의외로 인생이 풀리지 않는다고 말하면서 자신에게 있는 나태함을 눈치채지 못하는 사람들이 많다. 이것은 매우 간단하며 실용적인 방법이다. 부지런함을 실천하면 인생은 더 평화롭고 의미 있는 것이 될 수 있다. 하지만 이 시점에서 내가 이야기하는 '부지런함'이란 빠르게 몸을 놀리고 쉴 새 없이 일하는 것을 의미하지 않는다. 오히려 내가 말하고 있는 것은 그 반대의 것을 말하고 있는 것인지도 모르겠다.

매우 많은 사람들이 바쁘게 일상을 보내고 있다. 이미 알고 있겠지만, 바쁘게 일상을 보낸다는 것은 부지런하다는 것과는 다른 문제이다. 너무도 많은 사람들이 아침에 잠에서 깨자마자 서둘러 출근을 한다. 직장에서의 하루는 그야말로 지옥과도 같은 일상이다. 녹초가 될 정도로 하루를 시달리고 나서야 퇴근을 한다.

집에 돌아오고 나면 가족과의 시간을 제대로 보내지 못한다. 그나마 보내는 시간들은 의무적이거나 할 수 없어서 억지로 대충 보내는 시간들이 많다. 쫓기듯이 허겁지겁 시작되었던 하루가 활력이나 에너지를 사용할 수 없을 정도로 바닥이 되어 하루를 마감하는 이 상황을 어찌 할꼬? 피로에 대한 해결책으로 결국 선택하는 것은 '잠이나 실컷 자자'는 것이 되고 만다. 자신을 위해 사용될 수 있는 시간은 어떤 것도 나질 않는다.

인생에는 분명 직장에서 보내는 그 시간들 외에 다른 요소들이 필요하다. 충족감의 결여와 압도당하고 있다는 느낌으로 인생을 탕진할 수는 없는 노릇이다. 내가 말하는 부지런함이란, 자신을 위해 사용하는 시간을 '따로 할애해야 한다'는 점에서의 부지런함이다. 당연히 바쁜 하루 일과 중에 시간을 내어야 하니 잠을 줄이는 등의 특별한 조처도 필요할지 모른다.

일과가 시작되기 전에 한두 시간, 자신만을 위해서 사용하는 시간이 필요하다. 자신을 위한 것이라면 어떤 것이든 좋다. 요가를 할 수도 있고 명상을 할 수도 있다. 그런 것들이 이질감이 든다면 마음과 머리를 식할 수 있도록 티 타임을 가져 보는 것도 한 방법이다.

어찌 되었건 중요한 것은 그런 자신만의 시간을 할애한다는 점이다. 잠시 글을 쓰는 등의 정리의 시간을 가져 보는 것도 좋다. 집 뒤에 혹시 동산이나 공원이 있다면 잠깐 동안의 산책의 시간을 보내는 것도 좋은 방법이다. 전화나 메일, 그 어떤 것으로부터도 방해받지 않는 별도로 구획된 시간의 틈을 주는 것이 좋다. 하루 중 보내는 가장 조용하고 특별한 시간을 보내고 나면 한결 달라진 자기 자신을 느끼게 될 것이다. 그리고 그렇게 누적된 에너지는 훗날 나를 더 규모있고 위대한 사람으로 만들어 줄 것이다.

그날 얼마나 바쁘건, 해야 할 일이 어느 정도 있건 간에 '자신만의 시간'을 위한 별도의 시간적 '공간'을 가진다는 것은 성공하는 사람으로서 한 차원 업그레이드 되기 위한 수단을 가지고 있는 것이라고 할 수 있다.

많은 사람들이 다른 사람을 위해서 혹은 타인에 의해서 이끌리듯 하루를 보내고 나면 이용당했다거나 기만당했다고 느끼게 된다. 그리고 이것은 스트레스로 연결된다. 내 인생이 온전히 내 것이 아닌 것 같은 느낌으로 하루를 보낸다는 것만큼 불행한 일도 없을 것이다. 자신만의 시간을 통해 스스로에 대한 자존감이 고취된 사람들은 자신이 사랑하는 사람을 위해서 더 의미있는 많은 것들을 할 수 있게 된다.

이러한 변화는 작은 것 같지만 절대로 작지 않은 변화이다. 어쩌면 인생에서 가장 중요한 변화가 될지 모를 중요한 부분이다. 그러니 부디 스스로를 위해서 더 부지런해지기 바란다. 전에는 결코 누릴 수 없었던 조용한 시간을 자신을 위해 쓸 수 있도록 노력하는 동안 나는 위대한 사람으로 다시 태어나게 된다.

강점 코칭을 위한 질문

✤ 당신은 부지런한 사람인가요?

✤ 혹, 자질구레한 일들에 빠져 아주 중요하다고 생각하는 일들을 빠뜨리거나 미룬 적은 없나요?

✤ 당신은 감정적으로 게으른 사람은 아닌가요?

✤ 쉽게 느슨함에 빠지거나 자포자기 모드로 늘어지진 않나요?

✤ 스스로를 위해 어떤 노력들을 하고 있나요?

스트레스는 '이겨내는 것'이 아니라 '걷어내는 것'이다

아마 스트레스를 자신의 삶에서 느

끼지 않는 사람은 없을 것이다. 아이러니하게도 우리는 심한 스트레스나 과한 압박감을 '이겨내면서' 살아가는 사람들을 존경하는 경향이 있다. '정말 대단하다'고 여기는 것이다. 물론, 삶의 척박함을 생각할 때 스트레스를 이겨낼 수 있다는 것은 정말이지 대단한 것이라고 할 수 있다. 하지만 스트레스를 삭이고 '이겨내는 것은 과연 적절한 일일까?

매일 스트레스에 시달리는 어떤 사람들은 "스트레스에 그런대로 잘 견디는 편입니다."라고 자랑하듯 말하기도 한다. 심한 스트레스를 '이겨' 낼 수 있는 정신력을 가지기 위해서 나름의 노력을 하는 사람도 있다. 하지만 잠시 멈추어 생각해 보면 그가 스트레스를 이겨낼 능력을 가지고 있다는 것은 역설적이게도 그가 많은 스트레스를 경험하고 있다는 것을 증명하는 것이기도 하다. 이미 정상 수준을 넘어선, 지나친 스트레스를 받고 있는 것이다.

스트레스 처리 방법을 알게 된다는 것은 나쁜 것은 아니지만, 흔히 그런 사람은 더 심한 고통을 자신의 것으로 받아들이게 된다. 왜냐하면 그 정도로 주변 상황들에 무덤덤해졌기 때문이다. 더 심한 혼란과 책임을 참아 내는 그런 삶이 정상일 리 없다. 결국 어떤 외부적 자극에도 반응하지 않는 상황이 된다면 그건 의연해지는 것이라기보다는 '감정적 방치'라고 보는 것이 맞다.

아무리 내성이 생겨 벽돌을 배 위에 여러 장 올려놓을 정도의 차력을 선보일 수 있는 사람도 '사람의 피와 살'을 입고 있는 것은 매한가지이다. 그런 사람의 몸에 망치를 휘두를 수는 없는 노릇이다. 요점은, 스트레스에 강해진다는 것도 일정 수준의 한계가 있다는 사실이다. 그 한계를 벗어나면 오히려 더 치명적인 해가 스스로에게 있을 수 있다는 것이다. 건강이 나빠지거나, 약물 중독에 빠지거나, 삶을 자포자기하는 상황이 생길지도 모른다.

스트레스를 잘 관리하는 방법을 배운다는 것은 한편으로 스트레스에 대한 '내성'을 기르는 것이라고 할 수 있다. 스트레스가 인생을 망쳐버리기 전에 해야 할 일이 있다. 그것은 스트레스가 통제 불능의 상태가 되기 전에 그것을 '걷어내는 것'이다. 그러기 위해 자신의 스트레스가 무엇인지 우선 빨리 파악할 필요가 있다. 마음이 조급해지는 것 같다면 계속 그대로 전진할 것이 아니라, 한발 물러서 자신이 진정으로 원하는 게 무엇인지를 재검토해 볼 필요가 있다.

빡빡한 스케줄 때문에 너무나 힘들고 스트레스를 받는다면 어떻게 할 것인가? 그걸 이겨 내는 것이 능사일까? 아니다. 그때야말로 자신에게 가장 중요한 일이 무엇인지를 생각해야 할 시점이다. 욕심을 부리고 그것을 극복하기보다는 일을 줄여서라도 진정으로 자신에게 가치있는 것들을 지켜 나가는 것이 필요하다. 웬일인지 감정을 제어하기가 힘들고 모든 일에 화가 난다면, 무턱대고 달려들기보다 잠시 숨고르기를 할 필요가 있을 것이다. 깊게 숨을 들이쉬고 산책을 나가는 것도 좋은 방법이 될 것이다.

중요한 것은 스트레스가 느껴지는 상황들이 나 자신을 압도하도록 그대로 방치해서는 안된다는 것이다. '어떻게든 되겠지'나 '그래 할 수 있어'라고 그냥 밀어붙여서는 안된다. 감당할 수 없을 정도로 커지고 나면 이미 때는 늦은 것이다. 완전히 불가능하지는 않더라도 통제하는 것은 쉽지 않다.

스트레스를 이기는 내성이 필요할 수도 있지만, 그런 자신에 대한

'단련' 외에 자신의 한계를 인정하고 생기는 족족 스트레스를 '걷어내려'는 노력을 한다면 우리의 삶은 보다 건강해질 것이다. 우린, 강한 사람이 되어야 하기도 하지만 '지혜로운 사람'이 될 필요도 있는 것이다.

활기 넘치는 사람이 되라

많은 사람들이 의무감에 빠져서 산다. 자신이 해야 할 일들에 진지한 느낌과 책임감을 가진다는 것은 나름 좋은 의미를 가지고 있다고 할 수 있다. 하지만 그렇다 보니 많은 사람들이 삶을 너무 심각하게 사는 경향도 없지 않은 것 같다. 쉽게 당황하고 진지해지고 경직되는 경향이 꽤 많은 사람들에게서 나타난다. 그리고 바로 여기서 우울함이 생기는 경우도 있다.

고의없는 실수로 난처하게 될 때마다 좌절의 늪에 빠지고 감정적 허덕임에 헤매고 당황하는 모습들이 흔하게 관찰되곤 한다. 물론, 삶의 진지함은 좋은 것이다. 그 진지함 속에 삶의 진정한 가치를 깨닫게 되기도 한다. 하지만 무슨 일이든 너무나 심각하게 대해 삶의 여유를 잃어 버린다면 그 사람은 행복해질 수 없을 것이다. 신은 인간에게 즐거움의 귀한 시간을 허락했다. 그런 기회들을 억지로 밀어내야 할 이유가 없다.

어쩜 사람들이 상황들을 심각하게 받아들이는 이유는 인생의 어떤 부분들이 기대와 다르게 전개될 수 있다는 사실을 쉽게 받아들이지 않기 때문일 수 있다. 삶의 모든 부분들이 자신이 원하는 대로 이루어질 거라는 생각부터가 허황된 기대일 것이다. 우리가 사는 삶이 기대대로 되지 않는 것은 비정상이 아니라, '정상'이다. 세상사는 자기 마음대로 움직여지지 않는다. 물론 우리는 자신이 원하는 대로 뭔가가 이루어지기를 바라며 살아간다. 그리고 원하는 대로 안되면 컨디션 난조에 빠지게 된다.

좀 더 쿨해질 수는 없는 것일까? 조금 겸손해질 필요도 있다. 흔히 괴리감이나 마찰들은 자신에게 문제가 있다는 사실을 깨끗이 인정하면 사라질 수 있다. 그리고 그런 '인정'이 자신을 몹쓸 사람으로 만드는 것도 아니다. 상황들을 대하는 태도에 있어 좀 더 의연해질 필요가 있겠다. 긴장된 상태의 원인이 자신에게 있다는 걸 인정하기만 해도 인생의 문제의 반은 해결될 수 있다.

"그래 나의 능력이 부족한 거야", "내가 오해한 것 같아." 이런 식의 인정만으로도 긴장된 국면은 얼마든지 누그러질 수가 있는 것이다. 다음으로 기대하는 것과 좌절에는 어느 정도의 갭이 존재할 수 있다는 것을 인지하는 것도 필요하다. 우리가 있는 곳은 바로 그 사이 어딘가인 경우가 많다. 자신이 원하는 방식으로 뭔가가 이루어지지 않았다고 해서 화를 내고 무리한 감정을 표출해서 자신을 괴롭혀야 할 이유가 없다. 있는 그대로를 받아들임으로써 우린 감정적 괴로움을 겪는 일에 있어 자유로워질 수 있다.

쉽게 심각해지고 쉽게 초조해지는 이유는 자신에게 있을 수 있는 여러 변수들을 대하는 의연함의 부족에 기인한 경우가 많다. 인생을 그리 살아야 할 필요가 없다. 최선을 다하고, 기대한 대로 이루어지지 않으면 그 또한 인생의 한 장면으로서 받아들일 수 있는 아량이 필요하다. 삶을 있는 모습 그대로 내버려 둔다면 우리의 삶은 보다 활기있고 즐거운 것이 될 것이다.

물론, 우리는 매사에 기대를 한다. 자신에게 그리고 타인에게 말이다. 어쩌면 그러한 기대 속에서 괴리감을 전혀 느끼지 않는 것은 불가능한 것인지도 모른다. 글쎄 이렇게 해 보면 어떨까? 하루쯤 전혀 아무런 기대도 갖지 않는 것이다. 그런 방법으로 우리의 삶에 쉼을 주는 것이다. 사람들이 친근하게 대해 주기를 기대할 필요도 없고, 그들의 미소도 바라지 않는 것이다.

'기대하는 것' 안에 있는 어떤 일들은 반가움이 될 수가 없다. 그냥 '당연한 것'일 뿐이다. 하지만 기대하지 않은 어떤 일들이 일어난다면 어떨까? 그것은 기쁨이자 즐거움이 될 수 있다. 사람들의 작은 미소에도 우리는 즐거워질 것이고 행복해질 것이다. 인생은 그런 뜻하지 않은 일들의 결과인 것이다. 아무 문제 없이 하루가 무사하게 지나가기를 바라기보다, 문제는 있을 수 있는 것임을 인정해 보는 것이 어떨까?

맞서 싸우는 대신 상황들에 함께 춤을 춘다면 우리의 삶은 '환희'가 될 것이다.

✥ 당신은 활력 넘치는 사람인가요?

✥ 다른 사람의 기운을 빼앗는 식의 행동을 한 적은 없나요?

✥ 당신을 활력 넘치게 하는 사람이나 상황은 무엇인가요?

✥ 활기 넘치는 사람이 되기 위해 지금 할 수 있는 일은 무엇일까요?

관조

"외부의 눈으로 자신을 냉정하게 바라볼 수 있다는 것은 스스로를 과장하거나 비하하지 않고 현실적 시각을 유지하는 데 특히 도움이 된다. 우리는 이 특성을 통해 자신을 보다 객관적으로 볼 수 있게 되며 더 나은 깨달음으로 나아간다."

관조는 자신에 대한
합리적 견해를 갖게 한다

　　　　　　　　　　사람에게 있어서 자존감은 매우 중요한 부분이다. 자존감이 있다면 삶에 있어 부딪히는 수많은 문제들에 대해 의연한 자세를 가질 수 있게 된다. 문제들이나 실패로 인해 자신의 존재 가치가 사라지는 것이 아니라는 것을 알기에 좀 더 여유있게 삶을 바라볼 수 있게 된다.

하지만 그럼에도, 자존감은 자칫 과도한 나르시시즘이나 허울뿐인 자존심으로 변질될 가능성이 있다는 것이 하나의 맹점이다. 어떻게 하면 자신에 대해 좀 더 합리적 견해를 가질 수 있을까? 그것은 바로 '관조'이다. 이것은 제3의 눈을 통해 자신을 바라볼 수 있는 능력이다. 자신을 객관화시키고 합리적인 견해를 갖는 것은 '나' 자신을 정확히 이해하는 데 큰 역할을 한다

생각해 보면, 지나친 자기연민에 빠지는 것도, 섣부른 자존심으로 다른 사람과 마찰을 겪는 이유도 모두 자신을 지나치게 중요하게 생각하는 데서 비롯되는 부작용이라고 할 수 있다. 사람이 가진 모든 특성들이 그러하듯, 자신에 대한 중요성 부여와 '의미부여' 역시 순기능과 역기능이 존재한다고 할 수 있다. 이 부분의 역기능을 방지할 수 있는 것이 바로 관조이다.

어떤 방법으로 스스로를 '관조'할 수 있을까? 자기 자신을 들여다보기 위해서 명상이나 수련을 하는 사람들이 있다. 하지만 일반 사람들이 그런 수련 활동들을 하기는 쉽지 않다. 더구나 기독교적인 관념을 가진 이들에게 동양식의 '명상'은 이질적인 면이 있다는 것을 인정하지 않을 수 없다.

마당에 멍석 깔아 놓듯, 그런 식의 대단한 시도가 아니라 해도 부분적으로 자신을 들여다보는 '관조'는 가능하다. 단지 지금 펼쳐지고 있는 상황에서 잠시 빠져나오기만 하면 된다. 가끔은 영화관에서 영화를 즐기다가 볼일이 급해서 살짝 나오기도 한다. 영화 내용에 몰입해

있을 때는 눈물, 콧물 다 빼고 있었는데, 막상 밖에 나와 볼일을 보면서 새로운 공기를 느끼고 있으면 머리를 가득 채우고 있던 감정의 압박감은 언제 있었냐는 듯 사라진다.

마찬가지로, 지금 현재 자신을 괴롭히고 있는 문제들에서 잠시 벗어나 감정을 추스를 수 있는 시간적, 공간적 '마당'이 필요하다. 잠시 올라가 몇 걸음 발을 디딜 수 있는 옥상도 좋고, 커피를 마시면서 긴장감을 풀어도 좋다. 자신만의 '마당' 안에서 '관조'의 시간을 갖고 나면, 지금 펼쳐지고 있는 상황들을 보다 냉정하고 현실적으로 볼 수 있는 안목이 생긴다. 그리고 보다 원숙한 자세로 문제들을 해결해 나갈 수가 있다.

우리가 가진 강점 가운데 '관조'는 그 온도가 차다. 그렇다 보니, 감정의 열기로 인해 정신을 못 차리고 있는 자신에게 숨을 고를 수 있는 여유를 부여하는 것이 바로 이 특성이다. 일을 그르치거나 무례함이 관련된 관계 내에서의 사건들을 살펴보면, 거기에는 늘 '감정의 온도'가 결부되어 있다는 것을 알게 된다. 어쩌면, '관조'는 감정의 온도 조절장치라고도 할 수 있다. 보다 명확한 본질을 드러내고, 나의 존재에 대해 합리적 생각을 하게 하는 것이다.

사람이 아름다운 이유는 자신을 검토하고 끊임없이 '발전하기 위해 노력'하는 까닭이다. '관조'의 특성은 그것을 가능하게 하는 매우 요긴한 도구이다.

모든 깨달음의 배후에는
냉정한 관조가 있었다

깨달음을 얻었다고 하는 성자나 석학들이 있다. 예수, 석가모니, 소크라테스, 플라톤 등의 사람들이다. 그들은 어떤 방법으로 다른 사람들을 일깨우는 깨달음을 얻게 된 것일까? 각각의 스토리가 있긴 하지만 나는 그 배후에 공통적으로 '관조'라는 특성이 있었다고 생각한다. 그들이 세상에 흩뿌린 것은 따뜻함의 알갱이였지만, 아이러니하게도 그들을 내적으로 돌아보게 한 것은 냉정하다고 느껴질 정도의 자기 성찰과 사물에 대한 '들여다봄'이었던 것이다.

'깨달았다'고 여겨지는 사람들이 그런 특성들을 가지고 있으니 아무나 쉽게 '관조'의 특성을 발휘할 수 없는 게 아니냐고 할 수도 있겠지만, 실은 그렇지 않다. 스스로를 관찰하고 들여다보는 능력은 모두에게 부여된 능력이다. 그리고 자주 그런 관조의 시간을 가질수록 사람은 내면의 '익어감'을 느끼며 성장해 나간다.

숲에서 헤매고 있는 사람이 있다고 생각해보자. 넓게 이어진 숲에서 자신의 위치나 '탈출로'를 아는 것은 가능한 일이 아니다. 하지만 만약 공중에서 자신의 위치를 관찰할 수 있거나 지도나 나침반 등의 도구로 자신의 위치를 살필 수 있다면 어떠하겠는가? 아마도 위태로운 상황을 면하거나 쉽게 원하는 목적지를 찾는 데 도움이 될 것이다. '관조'의 힘은 바로 거기에 있다고 할 수 있다.

우리는 앞에서 '목적이 이끄는 삶'에 대해 이야기를 한 적이 있었다. 목표나 목적지를 정하고 가는 삶의 여정 가운데, 자신이 정말 똑바로 가고 있는지를 살필 필요가 있다는 건 누구나 인정할 수 있는 일이 아니겠는가? 길을 잃고 헤매게 하는 것은 '감정'이라는 요소이다. 인간이기에 감정을 도외시할 수는 없겠지만, 중요한 것은 감정은 통제될 수 있어야 한다는 것이다. 감정에 지나치게 도취되어 살다 보면, 어느 한 순간 자신이 어디에 와 있는지도 모를 만큼 특정 문제에 매몰되어 있음을 보게 된다.

늘 나침반을 들고 살 수는 없겠지만, 가끔이라도 자신의 위치를 확인하며 자신의 발걸음을 살필 필요가 있다. '관조'를 통한 자기 성찰은 현재의 나 자신이 어디에 와 있고 어디로 가고 있는지를 알게 한다. 깨달음은 바로 그런 방법으로 개인에게 온다.

우리는 '깨달음'은 대단한 사람이나 하는 것이라고 말하곤 했다. 그리고 우린 그냥 우리의 일상을 살면서 평범하게 살 수밖에 없다고 여기곤 했다. 하지만 자신의 현재 위치를 알 수 없는 허우적거림은 언젠가는 자신을 스스로 지치게 한다. 문득문득 멈추어 '내가 지금 뭐하고 있는 건가?' 하는 생각이 드는 이유도 바로 거기에 있다.

　삶이 메말라 가고 있다고 느끼는 순간이 누구에게나 있다. 바로 그 순간이 자신의 위치와 방향을 살필 때이다. '내가 지금 잘 가고 있는가?'를 살피면서 스스로에 대한 뿌듯함이나 위기의식을 느낄 때 삶은 다시 생기를 찾게 된다. 과거 성자들과 석학들의 삶에 '관조'가 꼭 필요한 것이었듯, 우리의 삶에도 '관조'는 큰 역할을 하게 될 것이다. 스스로를 추스르고 더 규모있고 의미있게 삶을 살아갈 수 있게 하는 '가늠자'의 역할 말이다.

강점 코칭을 위한 질문

✤ 삶의 방향성을 향해 스스로 제대로 가고 있다고 느끼나요?

✤ '관조'를 통해 삶의 모습이 바뀌었다고 생각한 순간이 있나요?

✤ 삶의 관조를 위해 자신만의 '마당'을 가지고 있나요?

강점은 우리를 존재하게 한다.

　　　　　　　우리는 깨어 있는 존재로서 자신의 호흡과 자존감을 살피곤 한다. 살아 있다는 것을 느끼기 위해 인격체로서의 자신이 자존감을 시험하기도 한다. 무엇이 우리 자신을 존재하게 하는 것일까? 우리는 무엇으로 인해 존재하는 것일까? 어쩌면 우리에게 있는 '개별성'이 우리 스스로를 세상에 있게 하는 것인지도 모른다.

개별성은 어찌 생기는 것일까? 바로 우리가 '강점'이라고 부르는 바로 그것을 통해 개별성은 창조된다. 우리 모두는 각각의 영혼 안에 아름다운 에너지를 담고 있다. 각자를 버티게 하는 그 에너지가 어떤 모습으로 존재하는지를 검토하고 알아가는 과정은 분명 유익하고 가치 있는 일이다. 다른 한편으로 이것은 매우 즐거운 하나의 작업이다.

이 책에는 인간에게 존재하는 강점의 세세한 모든 부분이 담겨 있지는 않다. 하지만 우리가 상상할 수 있는 강점들의 세부적 종류와 생각해 볼 수 있는 의미심장한 질문들, 그리고 잠시 멈추어 생각해 볼 수 있는 유익한 강점들의 이야기가 들어 있다. 앞으로 이어지게 될 저서를 통해 나는 그 강점들을 어떻게 개발할 수 있고 어떻게 정의할 수 있는지를 체계적으로 다룰 예정이다.

자신의 강점을 이해하고 앞으로 나아가야 할 지표를 얻는 것은 인생에 있어 하나의 이정표를 세우는 것과 같다. 우리는 그렇게 더 인간다운 존재가 되어갈 수 있다. 아울러, 더 깊은 통찰과 더 유익한 영향력을 미치는 꽤 쓸모 있는 존재가 될 수 있다.

당신도, 그리고 나도 바로 지금 여기에 있으면서 서로를 바라보고 있다. 강점들은 모두의 얼굴을 환히 빛나게 하고 있다.

맺는 글

많은 사람이 무기력함을 호소한다. 이상하게도 자신이 하는 일은 뭘 해도 안된다고 한다. 그래, 사실일지도 모른다. 하지만 내가 그동안의 삶을 살아오면서 느낀 것은 삶에는 나름의 마음가짐이 필요하다는 것이었다. 어떤 자세로 삶을 대하느냐는 자신의 삶이 규모와 방향성, 그리고 성공의 유무를 결정한다.

어느 누구도 자신의 삶을 대신 살아 줄 수는 없다. 곁에서 도움을 줄 수는 있을망정, 개인의 삶은 철저히 자신의 것이다. 그렇기 때문에 우리 모두에게는 '잘할 수 있다'는 확신이 중요하다. 그 마음가짐에 의해 삶은 생기가 도는 몸짓이 될 수 있으며 외부를 향한 의미 있는 발걸음이 될 수 있다.

누가 가장 큰 도움을 줄 수 있겠는가? 외로움과 좌절이 가득한 삶을 향해 가장 큰 깨달음과 메시지를 줄 수 있는 사람은 누구일까? 바로 자기 자신일 것이다. 흔히 가장 쉽게 잊혀지는 사실 가운데 하나가 바로 그것이다. 우리는 그 사실을 기억해 낼 수 있어야 한다. 이 책은 스스로를 다잡고 바로 서게 할 수 있는 당사자가 다름 아닌 자기 자신이라는 점을 드러내기 위해 만들어졌다.

애초에 이 책은 코칭심리학의 꽃이라고 할 수 있는 '셀프 코칭'에 모토를 두고 출발했다. '강점 코칭'으로 삶을 디자인하라는 궁극적인 의미는 '셀프 코칭'으로 자신의 삶을 만들어가는 과정이다. 인생에 있어 나 자신의 '강점'이 무엇인지 이해하고 '뭘 해도 잘할 거라'는 확신을 갖는 것은 그 무엇보다 중요하다. 근거와 이유 있는 자존감을 소유하는 것은 강점 코칭의 핵심이라고 할 수 있다. 스스로 일어서 의미 있는 삶을 영위하는 것이 무엇보다 중요한 때이다.

이 책을 위해 내 안의 영감을 얻을 수 있도록 해 준 지난날의 조언자들과 선배, 멘토코치들에게 감사한다. 그리고 다사다난했던 지난 세월 동안 나와 고통과 행복을 함께 했던 가족들에게도 감사한다. 사랑하는 사람들과의 소소한 경험들이 모여서 이 책의 영감과 통찰의 밑바탕이 되어 주었다. 나는 그 모든 세월의 흐름이 나름의 의미가 있었다고 생각한다.

부족하나마 이 책이 삶의 위로를 얻으려는 분들과 자신의 내면의 것을 돌아보려는 분들에게 큰 힘이 되어 주었으면 하고 바란다. 삶은 때론 눈물겹지만 충분히 아름답고 의미 있다. 그리고 모두에게 있어서 인생은 소중하다.

부디, 모두의 인생에 성공의 빛과 성취의 기운이 항상 함께 하기를….